城市文化传播研究丛书

Research on
the Evolution Process and
Evaluation of Urbanization Policy
in China
(1949—2014)

新中国城市化政策演化进程与评价研究

(1949—2014)

张书成 著

上海交通大学出版社
SHANGHAI JIAO TONG UNIVERSITY PRESS

内容提要

　　本书聚焦中国城市化这一伟大的历史进程，从新中国成立以来的相关政策文本入手，以内容分析为主要研究方法，归纳解读了新中国的城市化进程，并进行了政策评价。全书按照历史与现实归纳、实证分析、理论建设、政策思路的逻辑图谱，使整个研究建立在中国以往政策运行事实与当前的国情之上，最后基于数据分析与理论建构，对城市化趋势进行研判并建言献策。本书可作为区域与城市发展政策等相关研究领域的参考用书。

图书在版编目(CIP)数据

新中国城市化政策演化进程与评价研究：1949-2014／
张书成著. —上海：上海交通大学出版社，2019
（城市文化传播研究丛书）
ISBN 978-7-313-22534-4

Ⅰ.①新… Ⅱ.①张… Ⅲ.①城市化进程-研究-中国-1949-2014　Ⅳ.①F299.21

中国版本图书馆 CIP 数据核字(2019)第 262519 号

新中国城市化政策演化进程与评价研究(1949—2014)
XINZHONGGUO CHENGSHIHUA ZHENGCE YANHUA JINCHENG YU
PINGJIA YANJIU（1949—2014）

著　　者：张书成				
出版发行：上海交通大学出版社		地　　址：上海市番禺路 951 号		
邮政编码：200030		电　　话：021-64071208		
印　　制：苏州市越洋印刷有限公司		经　　销：全国新华书店		
开　　本：710 mm×1000 mm　1/16		印　　张：8.5		
字　　数：128 千字				
版　　次：2019 年 12 月第 1 版		印　　次：2019 年 12 月第 1 次印刷		
书　　号：ISBN 978-7-313-22534-4				
定　　价：58.00 元				

前　言
Preface

　　新中国成立以来，特别是改革开放以来，中国演绎了人类历史上最为波澜壮阔的城市化进程，中国的城市化取得了举世瞩目的成就，并且可以确信的是这一进程还远未到达它的尽头，过去、现在、未来都深刻影响着人类的发展。笔者聚焦这一伟大历史进程，从中国城市化的相关政策入手，归纳解读了中国的城市化进程，并进行了相关评价，在研究范式上属于针对政策文本的内容分析。本研究表为城市化政策研究，实为以政策为观察对象，深入探究中国城市化的深层机理与发展逻辑，尤其是改革开放以来中国城市化的发展路径与存在的问题；着重归纳并探讨了政府在城市化进程方面制定了哪些政策，为什么有这样的政策，做与不做会有什么样的不同，为什么不选择另外的政策方向，其原因和结果是什么，以及政府在未来城市化政策上的思路与途径。

　　全书主要分为四个部分：第一部分是以历史的眼光，对新中国成立前后中国城市化进程的总体概述，并探讨其中所蕴含的政治经济学原理。该部分重点阐释了新中国的城市化进程区别于近代城市化与国外城市化的革新之处，以及背后的政治经济学逻辑。第二部分是新中国城市化政策演化进程的内容分析，是全书的基础性实证研究，在此基础上得出了新中国城市化政策的历史演化路线。本部分所得出的结论奠定了本研究的基调，随着国民经济和社会发展水平的提高，城市化模式由"功利型城市化"朝着更加关注"人"的方向发展，政策内容呈现出由政治主导，到以经济建设为中心，再到关注社会、制度和人文发展的趋势演变。第三部分是在演化进程分析的基础上，对政策内容的评价研究，得出了以"经济、社会、文化、环境"为主要指标的评价体系，并重点阐释了人文指标对城市发展的重要性，最后总结了相关政策对新中国城市化带来的"得"与"失"。第四部分是对未来中国城市化，特别是对"十三五"期间中国城市化政策的制定予以思考，最后从政治、经济、社会、文化、生态环境五个维度给出了中国城市化政策制定的思路建议。简言之，本书研究呈现出了一幅中国城市化历史、现状及未来的发展图景，通过了解以前和现在的城市化状况，探究未来的城市化应该是什么样。

本书是在我博士论文的基础上进行修改和增订而成的，虽然现在看来，研究还略显稚嫩，但算是自己一段学术生涯的总结和回顾，也为今后参加工作与继续学习奠定了基础。

最后，我要感谢我的导师刘士林教授，本书在从最初的选题确定到最后的书稿审定，都凝聚了他的心血，在此我要对他表示由衷的感谢；同时也要感谢上海交通大学媒体与传播学院的培养，以及各位老师的悉心教导。

目 录
Contents

第一章

城市化和城市化政策研究

　　随着城市化进程的推进速度不断加快并向纵深发展，我们面临的基本问题是：城市发展的本质到底是什么？是人的发展还是经济的发展，抑或是政治文明的进步？在中国，政策与城市发展不可分割，发挥政府和市场的辩证作用一直贯穿了经济体制改革和中国城市发展的历程中。从政策角度，对新中国成立以来城市化政策的演变历程进行总结，或许可以发现城市化进程的特点，这个特点可能是固定的，也可能是一个动态演变的趋势。从历史唯物主义来看，应该趋向于后者，但事实究竟是怎么样，则需要归纳总结。

第一节　高速发展的城市化和不断
出台的城市化政策

一、研究背景

　　（一）中国城市化高速推进，但问题很多，引起国内外广泛关注

　　进入 21 世纪以来，中国城市化率①的年均增长速度超过 1.5%；2011年中国城镇化率达到 51.27%，这标志着中国城镇人口首次超过农村人口；2014 年年末这个数据变成 54.77%（见表 1 - 1），中国的城市化当前

---

　　①　城市化率（也叫城镇化率）是城市化的度量指标，一般采用人口统计学指标，即城镇人口占总人口（包括农业与非农业）的比重。

处于井喷式发展阶段，并且在未来相当长的时期内仍会高歌猛进。世界银行对中国的高速城市化进程给予积极评价，在其报告中指出，城市化使中国保持了"高水平的工资增长、高水平的生产率增长，贫困人口也以前所未有的规模减少"。[①] 但在城市化高速推进的同时，中国城乡、区域发展不平衡和不充分的问题也凸显出来，引起国内外学界、业界的广泛关注。

表 1-1　2011—2014 年年末人口数及其构成　　　　单位：万人

年　份 指　标	2011	2012	2013	2014
全国总人口	134 735	135 404	136 072	136 782
其中：城镇	69 079	71 182	73 111	74 916
乡村	65 656	64 222	62 961	61 866

数据来源：国家统计局官方网站。

（二）中共十八大后城镇化上升至国家战略，相关政策密集出台

2012 年年底中国共产党第十八次全国代表大会召开，城镇化作为"四化"之一写进报告并上升至国家战略，此后城镇化战略被各界认为是拉动中国经济增长的引擎，是"推动区域协调发展的有力支撑"，[②] 也是推进社会改革与破除城乡二元结构的重要依托。一系列的重要会议和政策出台都密集地指向该战略，包括中共十八届三中全会作出的重要决定，2013 年年底同时召开的中央经济工作会议和城镇化工作会议，2014 年年初颁布的《国家新型城镇化规划（2014—2020 年）》更显示了对城镇化给予的高度关注。这些政策的效果怎样，是否代表了国民经济与社会发展的大趋势也引起广泛讨论。

（三）未来中国城市化政策的方向对经济与社会发展影响深远

本研究期间，正值国家"十三五"规划出台之际，城市化作为实现国

---

① 国务院发展研究中心和世界银行联合课题组，李伟，Sri Mulyani Indrawati，刘世锦，韩俊，Klaus Rohland，Bert Hofman，侯永志，MaraWarwick，Chorching Goh，何宇鹏，刘培林，卓贤. 中国：推进高效、包容、可持续的城镇化 [J]，管理世界，2014，(4)：5-40.

② 参见《国家新型城镇化规划（2014—2020 年）》第一章。

家现代化的战略途径与载体，城市化相关政策在未来 5—10 年甚至更长远的发展方向与着力点，以及与工业化、信息化如何实现融合互动，均引起了各级政府、学界与业界的密集思考。在此背景下，纵向以历史的眼光，横向以中外比较研究的方法，探讨新中国成立以来城市化政策的演化进程，无论对当下还是未来中国城市的发展都有重要意义。

二、研究目标

本研究的逻辑起点源于对新中国成立后城市化相关政策的关注，主要聚焦政策的历史演变，集中分析政策运行（制定、颁布、实施）对城市化的作用、影响，而非针对城市化的模式与结果。通过研究，本书希望完成三个任务：

第一，系统梳理中国城市化政策经历了怎样的演化历程，以前是什么样，现在是什么样，其中演化运行的机理是什么，特别是"人的城镇化"这一理念提出的意义，其中蕴含了怎样的社会价值导向，需要我们从政策内容的视角来对城镇化的演化有一个梳理和评价。比如，《国家新型城镇化规划（2014—2020 年）》中，许多新政策都集中体现了国家的改革意志，那以前的城镇化政策是什么样，产生了什么样的结果。

第二，研究如何评价它，即新中国一系列的城市化政策到底产生了什么样的影响。政府推动的城镇化如何更加科学，如何更加符合人类历史发展的脉络趋势，如何处理好与市场机制的关系，即政策在城镇化中的作用与政策的科学性需要解决。这要求我们对城镇化政策要建立一个评价机制，即符合中国特色与时代背景的评价机制。当然，实践证明，经济高速发展，城市化突飞猛进说明政策的大方向是符合规律的，但是过程中产生的问题不可回避，是否埋下了隐形矛盾也需要关注。

第三，从政策内容出发，以后的城市化政策该何去何从。需要说明的是，政策的制定受很多因素影响，本书对内容的分析是历史层面的，都代表过去；而政策具有适时性、引导性、前瞻性，本书无法给出具体的政策内容，但会尝试提供城市发展理念指导，进行趋势研判，提供战略思路，给出政策制定方法建议，包括一些评价指标，以供参考。

本书就上述研究任务拟完成的研究目标在于：

一是总结演化进程。在大量政策文本以及城市发展案例基础上，运用内容分析法和经验分析法，对新中国成立以来（1949—2014 年）的城市化相关政策进行历史考察。通过系统梳理新中国成立以来的城市化政策内容，以历史观、政策观总结新中国城市化政策内容的演化进程。

二是探索政策评价，包含政策运行的动力机制。基于 1949—2014 年的中国城市发展经验，以及国外的城市化进程，探讨中国城市化政策演变的动力机制，以此得出城市化政策制定及实施的影响因素。根据政策影响因素与经验分析，尝试设计城市化政策评价机制，进而对中国的城市化进程做出尽可能全面又具长远性的评价，最终为中国今后城市化与现代化进程的政策制定提出可能的发展方向与有效路径。

三是总结发展规律，提出未来城市发展战略思路。笔者希望总结这些年来中国城市化政策的得失，是什么原因导致这些得失，将来城市化应该怎么走，或者以什么样的速度与标准走，总结中国特色的城市化进程规律，加深人们对城市化的认识，最终让城市发展政策的制定更加科学，更好地引导城市发展。

三、研究意义

本书属于交叉性学科研究，综合了区域经济、公共政策、城市规划、行政管理、新闻传播、文学等学科，聚焦城市化政策的内容研究。基于上述研究背景、研究任务与目标，本书具有如下研究价值与意义。

（一）理论价值

（1）将城镇化战略从政策口径上升至理论高度，在城市科学的学科指导下形成城市化、城镇化、人文城市等战略的理论框架。从关注城市化模式的演变与评价，转变为关注城市化内涵的演变与评价，聚焦城市化政策中的内容研究，为中国特色的政治经济学理论添砖加瓦。

（2）运用历史研究的方法，从城市科学的视角出发，全面系统梳理新中国的城市化模式与政策内容，进而归纳出自 1949 年以来中国城市化政策的演化进程与政策演变的动力机制，以更加完善的城市科学理论指导未来的中国城市化进程。

（3）建立城市化政策的评价机制，充分进行学科交叉，以城市科学为理论基础，以1949—2014年的中国城市化政策文本与中国城市发展的经验为素材样本，进行内容分析和经验分析，建立城市化政策的评价机制，以此指导未来10年，甚至更长久的中国城市化、现代化道路，改进完善城市科学研究在政策分析与政策评价上的缺失与不足。

（二）现实意义

（1）积极回应中共中央城镇化工作会议，以及2014年国家新型城镇化规划对城镇化给予的高度关注，通过理论研究探索国家新型城镇化的未来路径。

（2）充分响应国家当前的总体城镇化战略，探索、总结城市建设与发展规律，为推进城镇化健康发展、提高城镇化质量进行科学的政策制定贡献微薄之力。

第二节　城市化　城镇化　城市化政策

本书为"城市化政策"研究，但"城镇化"也贯穿其中。城市化和城镇化这两个概念需要搞清楚。在中国具体的国情背景下，明确"城市化"与"城镇化"的内涵和外延，有助于更好地理解中国的现代化进程与城市化进程。

一、城市化与城镇化

城市化与城镇化这两个概念，在西方学界一直没有刻意区别，英文一般都采用 Urbanization，指人们从乡村生产生活方式向城市生产生活方式转型的过程——这也是200多年来近现代化进程的主要形式。这一过程开始主要是围绕城市空间展开的，城市的不断发展与完善是主要议题，但是随着城市空间的延伸以及理论研究的深入，研究范围逐渐拓展到乡村、郊区、小城镇，开始关注乡村人口转变为城市人口过程中出现的各种问题。另外，因为西方国家与中国的人口政策不同，没有户籍限制，所以国外学者在概念上并没做细分。1998 年我国制定的国家城市规划基本术语标准中也将城市化与城镇化等同论之。但是，中外国情着实不同，并且随着经济社会的发展，在中国这两个概念存在着差别。

改革开放后的 30 多年，学界多采用"城市化"这一提法。但"城镇化"早有提及，在 1998 年中共中央就提出"小城镇，大战略"①，后来小城镇战略在操作层面被相关政策进一步细化，在顶层设计上被进一步明确化、方针化。2000 年，中共十五届五中全会关于"十五"计划的建议中提出"积极稳妥地推进城镇化"，开始将城镇化问题推升至国家战略高度。2007 年，"中国特色城镇化道路"写入中共十七大报告。② 但是，"城镇"问题研究还不是主流，这也与全球对城市问题的认知和我国的主要政策口径相符合。中国的生产主力与消费主力主要集聚在县级市级别以上城市范围，乡镇的力量并不强。后来，随着中共十八大报告明确指出要"四化同步"，特别强调要提升小城镇在产业、服务、就业、人口聚集上的重要功能，以及《国家新型城镇化规划（2014—2020 年）》的正式颁布，"城镇化"这一概念与"城市化"一起在学界取得了合法性，此后被密集地用于政策口径。本书以"城镇化"作为篇名关键词，以 SCI、EI、核心期刊、CSSCI 为来源期刊类别在中国知网进行精确搜索，统计发现（见图 1－1），1979—2012 年的 33 年中，共有 2 471 篇文章，平均每年 75 篇，而 2013—2015 年（截至 2015 年 8 月）两年就有 4 174 篇文章，年均 2 087 篇。可见，以 2012 年年底为时间节点，中共十八大后城镇化研究骤增。

现阶段突出"城镇化"，意在强调中国的历史发展与现实国情。要破除我国存在已久的"城乡二元"体制结构并不是一蹴而就的事情，需要有一个漫长的煎熬期进行过渡。目前我国有 6 亿多农村人口，这么庞大的人口很难在短时间内转化为城市人口，特别是享受城市的公共服务待遇。而

---

① 参见 1998 年 10 月《中共中央关于农业和农村工作若干重大问题的决定》，中共十五届三中全会通过。
② 参见 2007 年 10 月中共十七大报告。

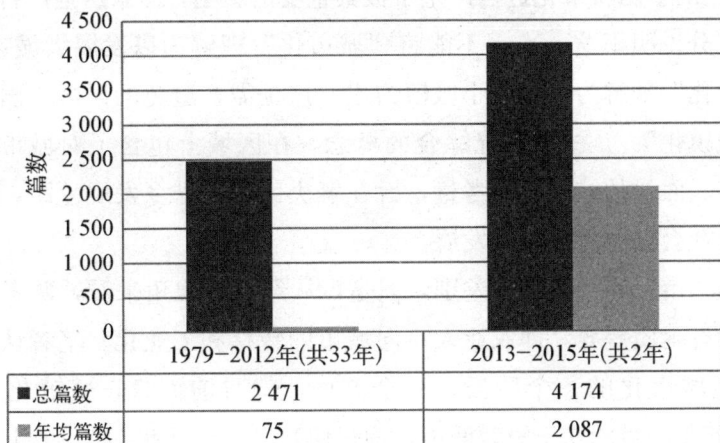

	1979−2012年(共33年)	2013−2015年(共2年)
■总篇数	2 471	4 174
■年均篇数	75	2 087

图 1-1　1979—2015 年"城镇化"研究期刊统计

数据来源：中国知网。

介于县级市以下与农村之间的乡镇或许可以先发展起来，一方面可以提升带动当地农村经济，强化产业发展，另一方面也可以避免人口毫无限制地涌向已经不堪重负的大中城市。

"城镇化"从被纳入国家战略视野开始，就背负了诸多历史责任，特别是对于新一代的国家领导人来说，承载了很多中国新一轮发展的期许。2013 年中央经济工作会议就指出："城镇化是中国现代化建设的历史任务。"① 可以说，不管是经济意义还是政治意义都非常重大，并且满含中国国情与特色。在当前中国特殊的国情下，城镇化战略的明晰化，并且迅速上升至国家战略高度有着极高的决策水准，是值得肯定的。当前"三农"问题与城乡二元结构问题已经到了必须解决的地步，以"城镇化"作为政策口径有方向性的考虑，突出了在物理距离和心理距离上离农村更近的小城镇，表明农村发展问题受到国家在顶层设计上愈加强烈的关心，特别是在高速城市化这样的历史大背景下。可以说，使用"城镇化"主要不是学术考量，而是多来自价值判断和新的执政理念。

2001 年，城镇化战略第一次被纳入"十五"五年规划之中，这对进

---

① 中央经济工作会议在北京举行 [EB/OL]. (2013 - 12 - 13) [2015 - 9 - 1]. http://news.xinhuanet. com/fortune/2013 - 12/13/c _ 118553239. htm.

入 21 世纪的中国城市化进程产生了极其重要的影响，后来房地产行业的发展速度充分说明了这一点。不能将"城市化"理解为以发展大城市为主，把"城镇化"理解为以发展小城镇为主。这是需要避免的误区。国家层面强调"城镇化"，是一个系统综合的概念，在区域上包含了对城市群、大中小城市、农村的综合战略考量，旨在解决区域与城乡发展差距，实现国民经济与社会健康可持续的发展。

虽然"市"和"镇"有差别，但是，从经济学视角来看，两者的概念内涵并没有本质差异，即农业人口向城市的转移和工业化。笔者认为，城镇化只是城市化的一个阶段、一个方面，就目前而言，城镇化更强调"量"的转化，目的在于短时间内，通过解决"城镇化率""三个 1 亿人"[①]等这些数量指标，实现农业人口的市民化。但是，当城镇化进入基本实现阶段后，"质"的提高将取代"量"的增加而成为城市化的主要方面，届时区别"市"与"镇"的意义必将消失，城市化仍是最终的目标指向。以发展的眼光看，"城镇化"的提法只是适应当前经济与社会发展格局的阶段性战略；当经济与社会发展到新的阶段，城市化战略还会与时俱进，做出调整。就此而言，本研究主要使用"城市化"一词。

二、城市化政策

本书聚焦"城市化政策"的演化进程与评价，而非"城市化"的进程与评价。城市化是一个综合性系统，其影响因素与动力机制不仅有政策，还包括经济、社会、科技、法律、教育、文化、卫生等诸多因素，政策只是城市化进程的一个重要部分，起到提纲挈领的作用，是其他动力因素的综合反映。

政策规范对社会发展过程起控制和设计作用。在政策的定义上，中外学者的表述各不相同，这反映了研究问题的不同角度、不同思路以及所参照的不同国家制度、政治环境。城市化政策是城市发展到一定阶段后政治

---

① 国务院总理李克强于 2014 年 3 月 5 日在十二届全国人大二次会议上做政府工作报告时说："今后一个时期，着重解决好现有'三个 1 亿人'问题，促进约 1 亿农业转移人口落户城镇，改造约 1 亿人居住的城镇棚户区和城中村，引导约 1 亿人在中西部地区就近城镇化。"

体系制度化运作的产物，也是政府调控和管理城市、城镇的规范和行动准则。关于"城市化政策"需要说明如下三点：

（1）"城市化政策"是一个范围概念，在研究操作中其对象是"城市化相关政策"。"城市化"是一个过程，是一个客观现象，并非是具体的政策实施对象。在中国目前的法律和行政法规中，没有针对"城市化"指定的专门政策，但是有大量的"相关政策"可以研究。

（2）城市化相关的政策很多，本书在操作上会选取最佳样本进行分析。政策运行是为了治理国家，要实现这一目的，必须有一系列切实可行的详尽战略、规划和周密谋略。鉴于我国的政策文件烦冗庞杂，在具体研究操作过程中很难穷极，为了最大限度地让本研究的结论具有说服力，在方法设计时会选取最具代表性的政策文件或会议文件进行分析。

（3）深入研究城市化相关政策的制定、执行、评估、调整等一系列运行过程，有助于加强我们对城市化政策及其运动规律的认识，有助于提高政策运行的质量，有助于充分发挥政策的功能和作用。

总之，尽管城市政策制定过程涉及设计者、决策者、执行者、参与者和众多的利益相关者，但是出于政策行为的规范性，在城市政策运行过程的每一个阶段都必然会有相应的相关文件被保存下来。政策的运行是一个复杂的博弈过程，是不同利益群体进行协商、达成均衡的体现。这个过程很难加以量化进行客观分析，但是记录政策的文本却是客观的，由此便成为分析政策信息的基本出发点和真实凭证。本书采用的便是基于"文本"的政策分析方法，针对政策文本分析新中国成立以来的城市化进程，描述政策运行的基本过程。

第三节　城市化政策演进和评价的研究进路

一、研究假设与研究框架

（一）研究假设

中国跨越式、赶超式的发展模式与发展速度导致除了一些元政策外，很多政策变化很快。新中国成立以来，城市化进程并非一帆风顺，而是有一定的跌宕与起伏，城市发展与政策有密切关联。城市化政策的变动是由很多因素导致的，而其中的运行机理是可以被发现的，可以推断城市化政策会有一个变动的趋势，但这个趋势是什么样的，需要我们对政策材料进行归纳梳理，用文本和数据来说话。

根据中国经济发展与现代化进程的总体走势，由"政治型"到"经济型"，到"以人为本"可能也会渗透在城市化的进程里，总体上认为城市化政策的变动趋势会呈现出价值观上的转向，由"功利型城市化"朝着更加关注"人"的方向发展，更加关心社会、制度、文化等，这种预判应该会在政策中有所体现。那真实的情况是不是这样，值得我们深入研究。本书的政策演化趋势以及运行机理研究有利于我们更加科学地制定我国城市发展政策。

（二）研究框架与路线图（见图1-2）

本书的研究在整体与核心上主要分为两大阶段：一是前期大规模的政策文本分析，是本书的实证研究阶段，注重定性与定量研究的结合；二是

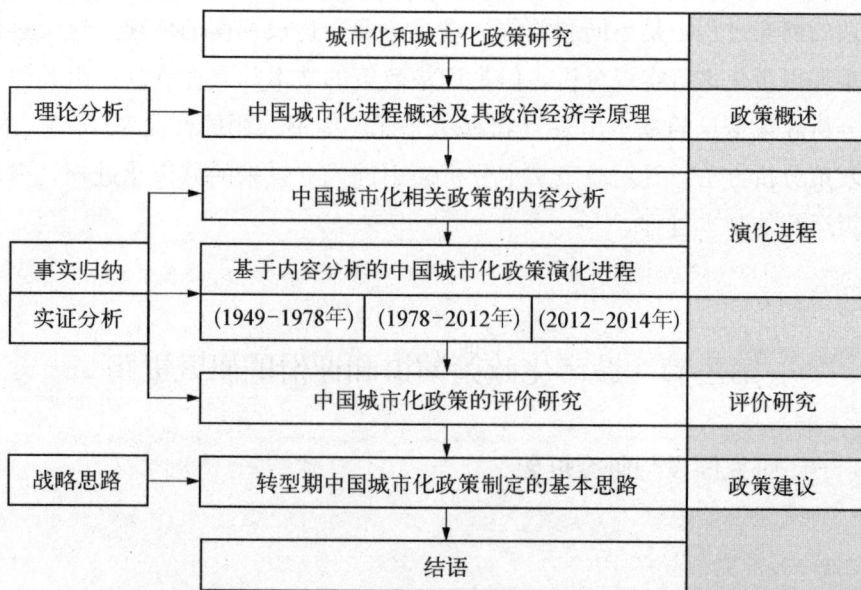

图1-2　本书研究路线图

后期的数据分析与结论研究阶段。第一阶段的工作是本研究的基础，文本、数据的选择、分析奠定整个研究的走势与结论；第二阶段的研究内容则是整个研究的核心部分，是在数据分析基础上得出整个研究的结论与预测。

二、研究方法与可行性分析

"政策"有着区别于一般研究对象的特性，既有客观的规范性，又有主观的意识形态性，其研究难度主要体现在研究方法的选择与运用上，不同的研究方法会产生不同的研究结果。

当前，城市化政策的研究范式出现了很大的转折。城市化、城镇化作为一个新的研究领域，伴随着中国过去多年来经济高速发展展现出巨大的活力。但是由于该领域研究起步较晚，基础薄弱，同时受制于中国经济社会发展的现实局限性，尚未建立科学、完整的理论框架与研究范式，对城市化进程的理论研究也主要聚集在"战略""方针"与"模式"上，方法多是案例论证的经验研究，这样的研究以历史为据，难免"粗放"。不可否认，前辈们高屋建瓴式的研究对城市化理论极具建设性，这些经验研究与对宏观进程的把握奠定了城市化研究的基础，但是，城市化的研究范式需要从"粗放型"向"集约型"转变，进入精细化研究阶段。

鉴于政策的客观性与主观性并存，特别是城市化政策中牵涉诸多"人"的问题与政治问题，所以，本书在研究方法的设计上也采取实证研究与思辨研究相结合的方式，但重点运用实证研究进行分析，通过数据来论证新中国成立以来城市化政策的演化进程，并在此基础上加以评价。但在探讨一些相对宏观的局势与国家战略时，也会运用一些历史的、文化的、政治经济学的思辨研究。

在城市化研究过程中，政策文本以及当时的新闻报道为我们分析影响决策的环境因素提供了大量真实的素材，通过对政策的内容分析来探讨城市化进程，将城市化与内容分析结合在一起，是非常大胆的创新，当然也是挑战。内容分析法是专指对于文献内容进行系统的定量和定性相结合的一种语言实证分析方法，该方法可以最大限度地帮助我们分析、测量出文本中相关主题的特征、本质、趋势，并且可以观察多个主题之间的关联性。本书以内容分析为基本研究方法，以城市化相关政策文本为研究对象，结合城市政治经济学与人文城市等理论，对1949—2014年的中国城市化相关政策文本进行深入地解读，揭示中国城市化进程与制度安排（主要是政策运行）之间的内在关系，以及城市化政策内容的演化进程，最后充分借鉴政策研究的范式提出政策评估的框架体系，探讨中国城市化未来发展路径。整个研究过程复杂、庞大，但是所得出的研究结论会对中国城市化进程颇有价值。

另外，本书还使用比较研究并结合案例分析的方法，纵向比较各个历史时期的不同城镇化政策，横向比较同时期或者不同时期其他国家的不同城市化政策，重点分析具有代表性的区域、城市的发展历程。

本研究可行性分析：

（1）数据库建设的可行性。以国务院对外信息公开的政策为数据库文本样本，以1949—2014年重要的政策节点与事件（会议、改革文件等）为案例样本，众多的政策文本库为本研究提供了丰富的样本。

（2）政策评价的可行性。笔者参与的国家发改委项目"区域规划实施中期评估重大问题研究"、上海交大文理交叉专项基金项目"中国城市群发展指数研究"为本研究提供了理论基础，其中的方法与理念对本研究均有很大启发。同时，邀请标准研究相关的专家进行评价研究指导。

（3）城市案例。在进行经验分析时，城市发展的案例选择建立在上海交大城市科学研究院已有的"中国城市发展数据中心"基础上，包括"全国新城新区数据库""中国城市群数据案例库""中国城市发展案例库"等。

（4）上海交大城市科学研究院的诸多研究成果为本研究的深入开展提供了学术思想基础与实践案例。其中，"文化城市"理念对中国城市发展趋势的宏观把握，以及城市科学研究院对当前中国城市政策的实际影响是本研究的坚实后盾。

三、本研究的创新之处

（1）研究范式创新，即对政府与市场争论之外的政策内容进行研究。目前关于城市化政策的研究多是对模式的讨论与探究，停留在"形式"上，尚未对"内容"展开研究。本书的逻辑起点即在于对城市化政策内容的关注，以解决和关注城市化进程中的具体问题和价值导向为主，在内容研究的基础上探讨动力机制和评价机制。

（2）通过事实归纳与实证分析，总结中国城市化政策的演化规律。在大量政策文本以及城市发展案例基础上，运用内容分析法和经验分析法，系统梳理，得出中国（1949—2014 年）城市化的演化进程与中国城市化动力机制，研判未来中国城市化进程的走势。

（3）城市化研究理论创新。论证提出中国城市化的内涵将经历"政治—经济—社会—人文"四个阶段的提升，未来政策将更加关注社会建设、制度建设与人文建设，符合中国在接下来 10 年"全面建成小康社会"的基本论断，依托波澜壮阔的城市化进程和大国经济实践，为中国特色政治经济学理论体系的建立添砖加瓦。

（4）建立比较有价值的城市化政策评价体系。运用定性与定量结合的研究方法与研究模型，系统进行城市化政策评价，解决中国城市化政策的评价机制问题。通过建立政策评价方法、标准，帮助未来政策的科学制定。

四、本研究可能的不足

（1）政策评价上可能存在的不足。中国的政策运行不仅受经济、社会、国际环境等可观测条件的制约，还受到中国传统文化的影响，作为参与者的公众也受到传统文化价值理念的影响，而这些是很难观测衡量的，可能会造成政策评价上存在不足。

（2）中国正处于经济与社会发展转型期，经济社会发展速度与质量要求政策不能过于保守，转型期的政策更新速度很快，同时国际政治经济环境复杂多变，因此趋势研判与政策思路建议可能会受急剧变化的环境制约。

第四节　城市化政策演进和评价研究历史溯源

总览国内外城市化研究的相关文献资料，就目前而言，关于"城市化政策演化进程与评价"还没有专门的文献进行研究，但是国内外与之相关的研究有很多，大致主要集中在城市化的政治经济学研究、城市化进程中政府与市场博弈的研究、城市化进程模式与动力机制的研究，以及政策评估的研究。

一、关于城市化的政治经济学原理

西方学者对政治经济学视角下的城市问题研究贡献很大，这源于西方在城市社会方面的历史积淀与学术成就。20世纪70年代开始，以英国哈维（D. Harvey）、美国卡斯特尔斯（M. Castells）为代表的一些西方学者开始用马克思主义的政治经济学理论作为分析城市问题的工具，他们自成一派，影响很大，形成城市化研究中的新马克思主义者学派。哈维等新马克思主义者多采用马克思关于资本积累的理论来对资本主义社会的城市化进行分析，研究目标多从社会制度与城市建设发展的关系维度展开，探讨政治与城市的互动。经济基础与上层建筑之间的辩证关系被视为城市政治经济学的根本原理。中国改革开放后，市场经济逐步取代计划经济，哈维等人的理论思想也值得我国的城市化进程研究借鉴。

西方学者认为，根据马克思的理论，城市一个重要的作用是为经济基础的永续存在提供必需条件。政府在这方面的作用特别重要，因为它在提供学校、住宅、商店、休闲娱乐设施和集体消费的模式和条件方面具有控制作用。简言之，城市既是国家意识形态的表现形式，也是国家能够持续保持运行发展的工具，因为城市代表着生产力。马克思理论对城市研究的整体贡献意义非凡，它终结了早期城市社会空间关系的狭隘概念，提供了一个能够分析各种现象的、广泛灵活的理论框架体系。通过文献分析，笔者认为西方的城市政治经济学为解读中国城市化进程提供了很好的视角，中国的城市形态是中国特色政治经济形态的表现，社会主义的城市功能是实现社会主义的物质基础，这是城市政治经济学在中国研究的理论基础，是中国城市化进程的政治经济学原理。

二、关于城市化进程中市场与政府的博弈研究

西方国家城市化的自然演进过程中，始终存在着自发市场力量与人为计划力量之间的较量。西方新古典经济学理论认为，政府对自由市场的干预是多余的。倡导国家资本主义的凯恩斯主义理论认为，政府干预可以修正市场失灵，对国家整体经济有利。新制度经济学派理论认为制度对经济增长影响重要，必须重视制度建设的作用。现代经济发展理论认为，政府应该利用市场机制，尊重市场规律，发挥经济政策作用。在现实中，各国政府一直都以各种手段干预城市化，但西方的市场经济制度是"自发"形成的，是一种自然发展的机制，在历史演进的过程中，两者的关系能够自我协调，形成双方共赢的最优机制，当然这个最优化方案还是以市场为中心。中国学者谷荣认为，市场就是西方城市化进程的基础，市场机制决定了在西方国家中政府在城市建设与发展中处于辅助地位。①

中国从 20 世纪 50 年代起实行了 30 多年的计划经济体制，20 世纪 80 年代改革开放以后，"双轨制"也存在了十余年，市场经济体制的初级性非常明显。"作为发展中的社会主义国家，中国在今后相当长的时间内都将采取一种赶超的发展模式，这决定了中国城市发展的政府主导型模式。"② 在中国特殊的发展阶段，国情、历史文化传统与政治体制背景下，"政府主导"的特征极为明显，与西方"市场主导"的城市化大不一样。笔者认为，我们很难有客观的标准判断什么样的体制更加优秀，体制与模

---

① 谷荣. 中国城市化公共政策研究［M］. 南京：东南大学出版社，2007：2 - 3.
② 张书成. 新型城镇化规划体现国家改革意志［J］. 中国建设信息，2014（15）：64 - 65.

式也不是我们最终的目标，发展才是最终目的。"中国模式"所创造的历史奇迹日益引起西方学者的关注，"中国模式"被证明同样拥有很强大的生命力。我们只能试图寻找更加适合各国国情的体制，建立中国特色的政治经济学框架体系。

目前而言，政府与市场谁该发挥更主要的作用的争论仍然继续存在，由此产生了"市场派"与"政策派"两种思想派系，"政府应该做什么，如何做，这类话题正受到各方面越来越多的重视"①，这需要结合中国特色道路下的城镇化现实状况来进行判别。

三、关于城市化进程模式的研究

目前，已有的中国城市化进程政策研究文献多是对城市化进程的模式研究，在于厘清政府和市场的角色在城市化进程中的作用，以及政治因素或者市场因素、国内外环境因素对城市化进程的影响。顾朝林的中国城市地理研究与熊月之的中国城市史研究是从历史视角探索城市发展政策的基础，可以打开我们的视野。其中，对新中国成立以来中国城市化进程中政府行为的历史考察为本研究提供诸多参考。其他相关研究成果很多，但是已有研究并未表现出太多的一致性，且侧重点也没有体现在内容上。

城市化模式的研究是认识城市问题的一个基础，以中国城市化的阶段性进程为例，就是按照模式的转变进行的。黄小晶认为中国城市化进程分为改革开放之前的"工业化领跑城市化""动荡中被动发展时期"和改革开放之后的"经济转轨推动城市化""市场化促进城市化""新发展观统领城市未来"。② 景春梅认为应该分为改革开放之前的"有限干预的城市化启动阶段""过度干预的城市化剧烈波动阶段"，和改革开放之后的"适度干预的城市化较快发展阶段""政府引导和市场调节齐头并进的城市化加速发展阶段"。③ 这些城市化进程历史阶段划分是建立在模式研究基础之上

---

① 张书成. 新型城镇化规划体现国家改革意志 [J]. 中国建设信息，2014（15）：64-65.
② 黄小晶. 城市化进程中的政府行为 [M]. 北京：中国财政经济出版社，2006：32-34.
③ 景春梅. 城市化、动力机制及其制度创新 [M]. 北京：社会科学文献出版社，2010：95-100.

的。正如多数研究者一样，他们多是从城市化中的政府作为入手，关注城市化进程中的政府行为。改革开放前，集中僵化的计划经济体制约了城市化的进程，政府是城市化的主导力量，扭曲的政策也阻碍了城市的发展；改革开放后，市场经济给城市化进程增添了强大动力。改革开放成为主要分界点已经被学界充分认可，至于其中各个分阶段的划分多数也以重要历史节点为据。

但是诸多文献对城市化的内涵及内容并未太多关注。值得一提的是，刘士林提出了区别于"政治型城市化"和"经济型城市化"的"人文型城市化"，[①] 对城市发展内涵的研究引起学界广泛关注，"人文城市战略"开始展现出巨大的理论魅力。

另外，与城市化进程模式密切相关的还有关于城市化的动力机制研究。关于具体的微观的城市化进程动力机制，已有文献多集中于对人口、空间和经济增长等方面进行阐释，比如劳动力转移、产业集聚、技术进步、区域竞争与协同等。这些动力机制研究的主要对象是城市，而非本研究的对象——政策。城市发展的动力机制与政策演变的动力机制有很大差别，不能混为一谈，但是前者可以为后者提供有价值的参考。

四、关于政策评估研究

在西方，政策绩效评估已成为研究热点。理论上，政策评估经过实证主义和后实证主义两个阶段模式，形成了多元分析范式。跨学科研究不断应用于政策评估与分析，积极吸取社会学、经济学、政治学等学科的相关原理与方法。

西方政策评估研究可分为两个阶段。第一阶段评估范式——"实证主义"奠定了公共政策评估理论的方法论基础，将实证研究的方法论从自然科学数理分析引入哲学社会科学领域。从实证主义视角分析，公共政策绩效评估需要采集到可信的信息范本，同时采取数理分析模型就可以公正地

---

① 刘士林. 文化城市与中国城市发展方式转型及创新 [J]. 上海交通大学学报（哲学社会科学版），2010，18 (3)：5-13.

对政策进行分析与评估。实证主义认为引入价值评估是不切实际的，甚至违背政策评估的"理性"原则，因此采取部分忽略或者完全忽略价值的作用，忽略对政策立场和价值偏好的讨论。第二阶段评估范式——"后实证主义"引领综合理性评估的方法论与理论模式。"实证主义忽视了价值选择在评估中的影响，必然带来评估困境，引发的误差甚至要远远超越经验技术手段所带来的差异，足以颠覆由实证主义的评估方法得出的结论。"①因此，后实证主义评估方法论开始在西方评估理论体系中兴起。现代公共政策评估开始引入价值评估，从评估内容和形式来看，评估路线发展呈现了"技术评估—价值规范评估—系统评估"逐渐深入的特征。"后实证主义"强调将以数据分析为基础的实证主义方法和对价值规范的论证结合起来，并统一在同一个评估框架之中。"后实证主义"在一定程度上弥补了"实证主义"的理论缺陷，但是在两者结合与规范的过程中，分析视角、思维、价值选择、评估标准等都呈现多元化的分析思路。

中国虽然是公共空间建构的"政策大国"，但政策建构更多地集中于政策制定、实施。从政策评估上看，我国当前的公共政策研究和政策实践都还处于起步阶段：一方面，欠缺有力的理论支撑和理论评估模型；另一方面，也缺乏政策评估的专门组织。中国公共政策评估研究从翻译介绍西方政策评估理论和方法起步，进入21世纪后，中国学者开始关注公共政策评估的一般方法研究，特别是中国公共政策失灵的研究，其研究成果仍然有限且不够深入，远未形成有本土特色的理论体系。而对于城市化这个年轻的国家战略，更是尚未建立权威性的评估机制。

五、文献研究总结

（1）前人的研究主要是城市发展模式或者推动机制的界定性研究，特别是对城市化进程中政府行为进行了充分的历史研究，得出中国城市化是政府主导型城市化，以及政府与市场两方共同促进的模式，这些结论被学

---

① 姚存卓. 借鉴公共政策评估理论探索城市规划实效评估的方法——以上海市控制性详细规划编制单元为例 [D]. 同济大学，2005：12.

界基本认可。

（2）已有的城市化政策研究多是对模式的研究，少有对内容的研究。不管城市化是政府主导型还是政府、市场共同作用型，或是市场主导型，对形式的研究已无太多价值，对政策内容的关注、对问题的关注应该得到更多的重视。

（3）已有对城市政策内容的研究相对分散，类别太多，户籍、土地、人口、社保、经济、文化、教育等都被列入城市政策的研究范畴，但是对城市化战略政策的研究不足。

综上所述，中国城市化的政策研究缺乏对各个时期城市化政策内容与侧重点的论述、梳理、评价。本研究是在认可城市化进程由政府主导的前提下，主要关注的是特定时期、阶段性城市化政策制定的方向、内容，比如如何由"土地型城镇化"转向"以人为本""人的城镇化"。

本 章 小 结

本章第一节，首先，介绍了撰写本书的现实背景，即中国城市化高速推进，城镇化上升至国家战略，城市化政策的走向对经济与社会发展影响深远；其次，明确了研究目标，即归纳演化进程、探索政策评价、总结发展规律；再次，阐释了本研究的理论价值与现实意义。

第二节，对本书涉及的相关概念进行了辨析，特别是对"城市化"与"城镇化"两个概念进行阐释，并指出，城镇化只是城市化的一个阶段，未来"市"与"镇"的不同意义必将消失，城市化仍是最终的目标指向。当经济与社会发展到新的阶段，城市化战略还会与时俱进，做出调整。

第三节，指出城市化政策的变动趋势呈现价值观上的转向，将由"功利型城市化"朝着更加关注"人"的方向发展的研究假设，进而明确了本书的研究框架，并根据研究对象决定采用内容分析法作为基本研究方法。同时，本书指出了本研究可能存在的创新与不足之处。中国正处于经济与社会发展转型期，政策更新速度很快，同时国际政治经济环境复杂多变，因此趋势研判与政策思路建议可能会受此制约。

　　第四节，对国内外城市化进程相关的政治经济学研究、市场与政府博弈研究、发展模式研究、政策评估研究等进行了综述，指出了以往中国城市化的政策研究缺乏对各个时期城市化政策内容与侧重点的论述、梳理、评价，本研究将重点予以阐释。

第二章
中国城市化进程概述
及其政治经济学原理

在中国,政策对国民经济和社会发展的设计和调控作用明显,纵观新中国成立至 2014 年这 65 年的城市化进程,都表现出政策对城市建设与发展明显的引导性,虽然改革开放后市场的作用机制正在发挥更大的作用,但政策的作用仍不可小觑。对中国城市化进程的研究,离不开对中国特色社会主义市场经济制度的研究。只有弄清楚主导城市发展的政治经济学规律,才能更深刻地理解中国过去、现在和未来的城市发展。

第一节　中国城市化进程概述

新中国城市化进程有新的路径、新的走势,但离不开历史对它的影响。历史就像土壤,中国的城市化就是在这片土壤里生根发芽、开花结果的。国内史学界对中国历史阶段的划分分为古代、近代和现代。现代史部分就是新中国成立以后至今的历史阶段,即本研究在时间范围上的界定,所以本书书名又可称为《中国现代城市化政策的演化进程与评价研究》。新中国成立以前的城市研究渊源很深,从时间范围上界定,可以向上追溯至古代对都城、城市的记录和考察,包括起源、功能、特征,以及中西方城市起源与发展的对比等。

一、新中国成立以前城市化进程概述

以城市史的角度来看，从秦汉到明清时代，"中国古代的城市性质结构与管理制度基本没有发生什么变化，政治与军事需要是首要目的"。[①] 但是从宋朝开始，随着商品经济与资本主义的萌芽，古代城市开始朝着近代城市的结构与功能过渡，市场经济功能开始日渐突出。[②] 明清时期的城市已经相当繁荣，"市"的作用超过"城"的功能，近代之前，"市镇化"[③]是中国城市化的一个特点。近代开始，中国城市化道路逐渐转变，在经过商品经济的启蒙后慢慢进入正轨，但鸦片战争改变了中国城市发展的速率，在西方列强的冲击下中国城市快速变异，与世界接轨。中国城市伴随着中国社会的半殖民地半封建化开启了近代化历程。

从 1840—1949 年的近代百年，欧洲工业革命与鸦片战争是影响世界城市发展进程和旧中国城市化的关键因素。西方世界的工业化、城市化对传统中国城市带来极大的冲击，中国的社会性质在鸦片战争后随着帝国主义列强的入侵发生根本转变；与此同时，中国的很多城市也随之产生了深刻的变化。中国是一个农业立国的国家，进入近代后，以工业、商业、金融、交通、教育为代表的西方文明大肆进入中国，随之产生了一批近代新型城市，特别是在东部沿海地区。这些新型城市日渐发展起来，展现出与传统中国城市和农村完全不一样的特征，它们集中了先进的生产力和文化，成为现代文明的标志；并且，此后城市与农村的差距也逐渐拉大。如果说中国古代城市是在华夏多民族不断地战争、交流、融合中发展起来的，那么近代百年的中国城市发展就是在与西方不断地融合中进行的。

晚晴时期，从 1840 年鸦片战争开始到 1911 年辛亥革命，一系列通商口岸开启了近代中国城市化之路。费正清以"西方冲击——中国回应"[④] 来解释这种以"口岸城市"推动的城市化。从此，中国传统的"市镇化"格局被

① 傅筑夫. 中国古代城市在国民经济中的地位和作用［M］//中国经济史论丛（上册）. 北京：生活·读书·新知三联书店，1980：321-386.
② 熊月之，张生. 中国城市史研究综述（1986—2006）［J］. 史林，2008（1）：21-35.
③ 熊月之，张生. 中国城市史研究综述（1986—2006）［J］. 史林，2008（1）：21-35.
④ 熊月之，张生. 中国城市史研究综述（1986—2006）［J］. 史林，2008（1）：21-35.

打破，中西之间，新旧交错构成了近代中国城市的特色，这从上海、广州、天津这些早期的开埠城市就可窥见。这中间经历了太平天国起义、八国联军侵华等重大历史事件，连绵不断的战争对城市产生了严重的破坏。以太平天国运动对江南城市长达十余年之久的影响为例，战争以及战后的军事化管理造成了南京（太平天国首都）人口大规模衰减、土地荒芜、城市产业凋敝，导致南京在步入近代之初不仅没有享受对外开放带来的发展机遇，反而原来的优势也遭到重创，久久不能恢复；而八国联军侵华对城市的破坏更是直接，除了政治与经济上的影响，对文化的掠夺和破坏难以逆转。

从 1911—1945 年，城市几乎是在战火中匍匐前行。城市因为军阀混战、国共内战以及十多年抗日战争而动荡不安，不能按照正常的轨迹顺利进行，特别是日本帝国主义发动的侵华战争，给整个中国带来了深重的灾难。战火对城市的破坏是灭绝性的，生灵涂炭，民不聊生，城市的经济、人口、文化等都受到不可弥补的损失。另外，该时期地区发展的不平衡性开始凸显，东部沿海的小城镇相对于内陆的城镇变得日趋繁荣。因为近代以来，手工业的衰落使人们的需求日趋转向工业产品，而沿海城镇因为率先接受了西方工业化的洗礼，以及依靠自身通商口岸的优势，商贸业迅速发展，城市规模急剧膨胀。在此过程中，一些当地的士绅和富人也开始投资办厂，由此带动一批新的工矿业小城镇的兴起。"自 1876 年兴建我国第一条铁路（淞沪铁路）和 1913 年兴建第一条公路（长沙至湘潭）以后，现代交通在我国便开始有了一定的发展，随之而来的是兴起了一批交通小城镇，这些也在很大程度上促进了城市化发展。"[①] 当然，总体上来看，当时我国还是处于小农经济主要影响下。

经过 1945—1949 年的解放战争，中国终于要迎来黎明。随着解放战争在全国取得完全的胜利，新中国成立在即，中共工作重心的转移提上日程，执政党需要完成从革命、战争到建设、管理的转变。从农村到城市的转移是全局性的、战略性的，对城市的管理的成功与否将决定中共执政的成败。这个过程面临很多困难和挑战，原先在农村行得通的做法、政策和经验，放在城市就不能适应了，而了解如何恢复与发展城市经济，稳固城

---

①　王春光，孙晖. 中国城市化之路 [M]. 昆明：云南人民出版社，1997：36.

市政治，促进城市社会进步，就成为迫在眉睫的工作。[①]

二、新中国成立以后城市化进程概述

新中国成立以来，我国的城市经济和社会发展发生了巨大的变化，城市化进程快速推进，城市化水平大幅提高，举世瞩目。我国城市个数由 1949 年以前的 132 个增加到 2013 年的 658 个，其中直辖市 4 个、副省级市 5 个、地级市 271 个、县级市 368 个。[②] 城市化水平由 1949 年的 10.64％提高到 2014 年的 54.77％（见图 2-1）。改革开放是一个重要节点，1978 年前后，中国的城市化发生转折性的巨变，为世界所瞩目。

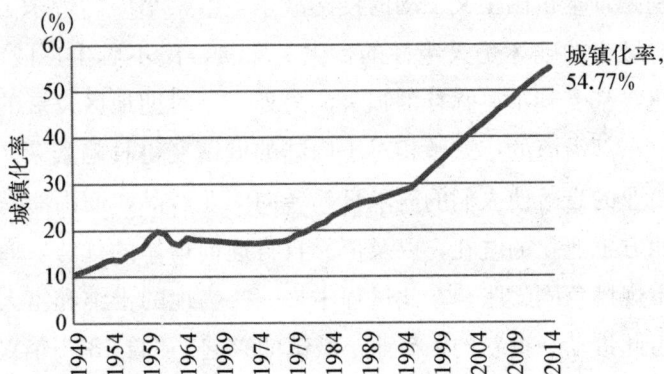

图 2-1　新中国成立以来城镇化率变化统计（1949—2014 年）
数据来源：国家统计局。

改革开放前，从发展速率上来看，城市化前期起步迅速，但后期动荡不定。在 1953—1957 年第一个五年计划实施过程中，伴随着 156 项国家重点工程的实施和推进，城市数量也以"计划"的方式增加，第一个五年计划结束时，我国城市数量由 1949 年时的 132 个增加到 1957 年的 176 个，增长了 33.3％。[③] 在 1958—1962 年的第二个五年计划时期，其中前三年为

---

① 参见王海光，李国芳. 走向城市：中共从农村到城市的历史转折 [J]. 东岳论丛，2014，35（7）：20-39.
② 国家统计局城市社会经济调查司. 中国城市统计年鉴 2014 [M]. 北京：中国统计出版社，2014：3.
③ 国家统计局城市社会经济调查司. 中国城市统计年鉴 2009 [M]. 北京：中国统计出版社，2010：10.

"大跃进"时期，我国城市数量继续增加，由 1957 年 176 个增加到 1961 年的 208 个，城市人口也快速增长。但是 1962 年开始的国民经济调整，又被迫撤销了一大批城市，到 1965 年全国拥有城市 168 个，比 1961 年减少 40 个。[①] 其主要原因来自国家的行政计划：一是出于政治考虑，人为地将"一五"时期以来设置的"市"又变回到"县"的建制，一些地级市降级变为县级市；二是停建、缓建一大批建设项目；三是知识青年、工人"上山下乡"运动如火如荼地展开，城市人口遭到机械性的削减。而接下来的十年，更是以政治浩劫的形式使我国刚起步的城市化进程受到重大阻滞。

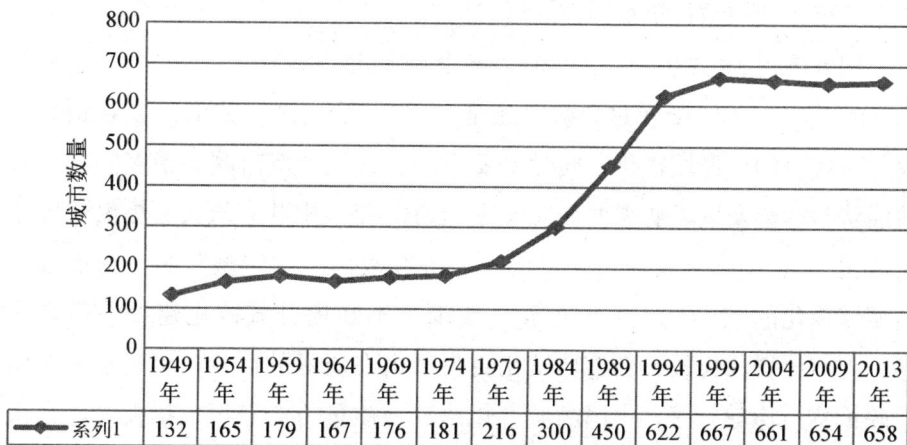

	1949年	1954年	1959年	1964年	1969年	1974年	1979年	1984年	1989年	1994年	1999年	2004年	2009年	2013年
系列1	132	165	179	167	176	181	216	300	450	622	667	661	654	658

图 2-2　新中国成立以来城市数量变化统计（1949—2014 年）

数据来源：中国城市统计年鉴。

1978 年，中共十一届三中全会后，中国城市化随着改革开放的不断深入，经济进入快速发展阶段。1984 年，中共十二届三中全会[②]第一次突破了把计划经济与商品经济对立起来的传统观念，大刀阔斧的城市经济体制改革就此陆续展开。需特别指出的是，20 世纪 90 年代以后，发展"小城镇"被视为"大战略"，随着小城镇的加快建设，各级经济开发区在短时间内普遍建立，加上乡镇企业如火如荼兴起，这些都在很大程度上带动了

---

① 国家统计局城市社会经济调查司. 中国城市统计年鉴 2009 [M]. 北京：中国统计出版社，2010：10.

② 决议全称为《中共中央关于经济体制改革的决定》，该议主要内容是"经济体制改革"，改革的中心环节是"增强企业活力"。

城市化提升至一个新的历史水平。经济开发区与乡镇企业带来的不仅是经济基础的变化，更有农民向市民过渡的心理变化。1992 年，社会主义市场经济建设目标的确立给城市建设与发展带来重大利好，中国城市化随之进入稳定发展阶段。2002 年，中共十六大提出要走"大中小城市和小城镇协调发展"的"中国特色城市化道路"。① 从此，中国的城市化道路全面打开，城市建设与发展空前活跃，可以说中共十六大揭开了我国城市建设发展的新篇章。此后 10 年，房地产市场的火热也侧面说明了城市化的蓬勃之势。2007 年，中共十七大对"中国特色城市化道路"做进一步补充完善，②促进城市规模与结构更加协调发展。

国家统计局数据显示，2011 年中国城镇化率达 51.27％，2014 年为 54.77％，而 1978 年这个数字还是 17.92％。对此，我们既要看到数字变化所代表的快速城市化，同时也要看到快速发展所潜藏的诸多问题，有些经济与社会发展矛盾需要面对解决。2012 年，中共十八大后提出"新型城镇化"，这是在未来城市化发展方向上释放出了"转型"的"新信号"。新型城镇化的核心是人的城镇化，要求是不断提升城镇化建设的质量内涵。与传统提法比较，新型城镇化更强调内在质量的优化，可以预见，如果政策实施稳健有序，中国的城市化速度与质量将会有更大幅提升，未来中国的城市化水平值得期待。

第二节　中国城市化进程的政治经济学

一、城市化进程中的政府行为

城市化是中国提高综合国力和全球竞争力的重要驱动，在未来将继续高速发展。从全球范围来看，城市化不是一个自然过程，即使从资本积累和循环发展起来的西方城市，也离不开城市公共政策的支持，城市

---

① 参见 2002 年 11 月中共十六大报告。
② 参见 2007 年 10 月中共十七大报告。

化的速度与质量除了受市场因素制约外，更直接地受城市发展政策的设计和实施的影响。中国更是如此。从古代，到近现代，对中国城市的发展历史进行归纳，政治因素是影响城市进化的重要因素。在我国特定的历史、政治、文化、市场环境下，政府行为和运作方式深刻影响着城市化进程。

城市化与经济发展息息相关。改革开放后，围绕经济建设，关于政府与市场两者博弈的争论至今没有间断过。其争论的核心是：政府和市场在城市化进程中扮演着什么样的角色，这样的角色基于什么样的价值取向，以及应该扮演什么样的角色。"政府主导型城市化"正是在这样的现实背景与学术争论下形成的理论。目前，学术界对"政府主导型城市化"已有很多成果，归结起来主要指政府在城市化进程中的领导和支配地位。城市化进程是一个复杂的系统工程，在整体的资源配置过程中，政府和市场是两大主要的手段，但是，从全球范围来看很少有国家能够完全平衡政府和市场两者的力量，双方一直存在博弈。中国的城市化依靠的是中国特色社会主义市场经济体制，离不开政府的引导和支持，"政府通过制定法律规范、制定和执行公共政策等行政手段，对城市化进程进行推动、引导和调控。政府在人口向城市迁移、要素向城市集聚、城市的内部结构调整和外部扩张、城市之间的竞争与协调以及城乡关系调整等方面起着重要作用。"[①] 当然，中国特色社会主义市场经济制度处于不断自我修复、自我调整完善中，中国不断地调整优化政策环境，努力创造良好制度环境，包括发挥市场在资源配置中的决定性作用和更好地发挥政府作用。

"政府主导型城市化"包含三方面特征：一是政府作为城市化制度供给的主体。这一特征在整个计划经济体制时代很明显，在由计划经济体制向市场经济体制转变的过程中，政府已由对人口、资金、产品的直接计划向间接进行宏观调控和提供制度保障转变。在这个过程中，政府以户籍形式对劳动力流动制度、房产制度、社会保障制度等一系列的城市管理与经济制度进行干预，城市化过程受到严格的政策调控。二是政府作为城市化进

---

① 黄小晶. 城市化进程中的政府行为 [M]. 北京：中国财政经济出版社，2006：9.

程的执行者。新中国成立时，城市建设与发展面临的是一个烂摊子，高度集中的计划经济体制帮助我们在短时间内完成了基础设施与工业体系的恢复，这其中依靠的就是政府行政调控，从人到钱，再到物，而企业和个人的自主权很小，城市规模、数量、分布也完全按照国家和区域经济发展的需要进行安排。中国的政策变动可以分为两种：一种是自下而上的变革，比如安徽凤阳县小岗村的"包产到户"拉开了全国家庭联产承包责任制的大幕；还有一种是自上而下的改革，这是最主要的形式，城市化政策也是如此。城市的经济与社会发展目标、定位、发展举措、重大项目、保障措施、考核指标等都是通过政府顶层设计、自上而下层层实现的，地方政府通过制订计划、编制规划，由此来推动国家城市化水平的提高。三是政府作为城市化绩效的评定者。城市建设与发展相关政策实施后的绩效如何，目前并未形成比较权威且被最广泛认可的考核机制，主要的考核体系包括党政机关政绩考核等，比如 GDP、第三产业比重等经济发展水平指标。考核机制也多运用党政机关目标责任制，考核结果有很大弹性和不确定性。

总体来看，政府主导在改革开放以前尤为明显，改革开放以后这种态势有所变化但仍发挥重要作用。政府习惯于"安排"城市化道路，诸如城市的功能定位、城市的规模，甚至城市之间的联系等都是由政府来引导，表现在政府每隔一段时间都会亲自或者委托相关组织机构编制各种"城市发展规划"，并大幅度提高规划的行政效力。

但是，在中国城市化进程加速的历史大背景下，政府的职能也在与时俱进发生转变，政府的行为模式在不断探索中创新，从计划到管理，到服务，用系统的眼光和战略的思维来寻求城市的发展之路。对此，有必要认真分析论证城市化发展中政府干预的规律，揭示其难点、寻求其支点、探索其创新点，特别是要理解"政府主导型城市化"背后深层的政治经济学机理，进而为提升政府制定城市化发展政策和战略水平奠定基础。

二、城市化进程的政治经济学原理解读

城市化进程中始终渗透着政府与市场的较量，关于政府与市场的博

弈，各个经济学派给出了自己的结论。新古典经济学理论认为，政府对自由市场的干预是多余的；倡导国家资本主义的凯恩斯主义理论认为，政府干预可以修正市场失灵，对国家整体经济有利；新制度经济学派理论认为制度对经济增长影响重要，必须重视制度建设的作用；现代经济发展理论认为，政府应该利用市场机制，尊重市场规律，发挥经济政策作用。综观这些理论，其实都在阐述政治与经济互动的关系本质，而这个关系必须从政治经济学原理中寻找。

本书提到的政治经济学原理主要是指新政治经济学（New Political Economics），同时也吸收了马克思的古典政治经济学理论。不可否认，马克思的《政治经济学批判》中有不少关于"城市和乡村"[①] 问题的论述，奠定了城市政治研究的理论基础。新政治经济学有别于马克思的政治经济学理论，它主要讲的是政治体制与经济发展两者之间的相互作用机制。城市化与经济发展密切相关，本书用新政治经济学作为基本原理，主要论述宏观、微观政策对城市化进程的作用机理。其他相关理论工具还包括制度经济学、新城市社会学的相关原理。

新政治经济学在学界又被理解为"经济的政治学"与"政治的经济学"，尽管这种划分就概念本身来说并不十分准确，却给我们研究现实问题提供了一些可借鉴的视角。以经济的视角看政治问题，或者反过来，都有助于我们更准确地描述现实世界的运行规律。新政治经济学主要研究"社会和个人""政治和经济""国家和市场"三个方面的关系，这三方面的关系根源就是政治和经济的博弈，本书的研究重点就放在"政治和经济"的关系上。政策在一定程度上就是政治手段，而城市化最大的表现就是经济的发展，所以城市化与政策的关系本质上就是政治和经济的关系。城市化相关政策的制定、出台、实施都有政治因素的考量。好的政策除了要考量国民经济和社会发展的需求外，政治建设也是政策出台的关键影响因素，必须考虑政治建设对经济基础的作用影响。在上述研究的基础上，本书最终会聚焦政策选择、发展、环境等问题。

---

① 马克思. 政治经济学批判［M］//中共中央马克思恩格斯列宁斯大林著作编译局. 马克思恩格斯全集. 北京：人民出版社，1998：1-11，13.

　　西方发达国家的经验和文化是新政治经济学的主要参考系，但对中国问题有重要的启示价值。中国正处于经济与社会转型的关键期，现实生活中经济与政治的内在关联决定了中国城市化问题研究中政治的因素不可或缺。所以，我们不能照搬照抄新政治经济学的方法，毕竟它的发源地所处的政治环境与市场环境是不一样的，而中国经济问题的解决必须直面中国政治、经济、社会、文化现象，在中国特色的体制框架内，寻求适合国情的理论指导。

　　作为上层建筑的一部分，西方国家城市的主要功能之一就是实现资本主义生产方式，其中最主要的就是资本的循环和积累。社会主义国家的城市功能则是实现社会主义的定律，这是城市政治经济学在中国研究的理论基础，中国的城市形态是中国特色的政治经济形态的表现。中国的城市既是中国特色社会主义制度的表现形式，也承担着让社会主义制度永续存在的义务，是制度自我完善的工具。政府在这一点上责任重大，使命光荣，因为城市如何建设，人口如何控制，教育、医疗、住宅等城市资源如何分配等都需要由政府调控。

　　同时，我们也可以看出城市问题也侧面反映出社会制度的一些矛盾，比如：二元化户籍制度、城乡教育资源不均、大城市高房价等一系列民生问题，旧城改造、环境污染、交通拥堵等城市经济发展中遇到的矛盾，土地财政、社区管理等政府管理体制机制问题，等等。

　　对中国城市化进程的研究在根本上要追溯至对中国特色社会主义市场经济制度的研究。社会主义国家是人民当家作主，目标是实现共同富裕，这些精神都会被注入城市政策的制定当中。新中国成立到改革开放之前的这30年中，城市内部和外部都实现着均衡发展，但这也造成发展速度的缓慢；而在改革开放之后，特别是有计划的商品经济确立之后，城市的发展深深打上商品经济的烙印，在市场经济的大潮里乘风破浪，快速发展。但由于市场经济在资源配置上的盲目性，导致城市化进程中一些矛盾凸显出来。2000年以后的房地产行业的火热发展、"土地城镇化"等都为我们研究新中国城市化政策背后的政治经济学原理提供了历史经验素材。

第三节　新中国城市化进程的革新之处

一、城市化与现代化①的辩证关系

从社会转型的层面来看，现代化是一个由农业社会向工业社会转变的过程，工业化是实现现代化的核心路径。从历史发展的阶段来看，现代化是人类社会由低层次生产方式向高层次生产方式发展的必然趋势。现代化内涵丰富，包括经济、政治、社会、文化等多个层面，并且其内涵是随着时代进步不断变化的，而经济现代化无疑是最具革命性的，主要表现为经历三次工业革命后的工业化和当前信息技术革命引发的信息化。从技术革命及市场发展的角度看，工业化要求劳动力、资金等生产要素集中到工业场所，农业社会在这种历史驱动力的推动下逐渐受到冲击，农民和小手工业者聚集到工厂，为生产商品提供劳动力服务，同时也消费商品。城市化进程就在这样的工业化历史背景下开始了，并且滚滚向前，不见终止。

城市化的内涵也极为丰富，当前我们对城市化的理解比较通俗，主要聚焦于它对经济的带动作用，是驱动经济发展的"新引擎"，将其视为"扩大内需的动力"。但在某种意义上，城市化是经济现代化在社会发展层面的结果，也就是社会现代化，是作为上层建筑的一部分的。那么理论上，根据马克思主义政治经济学原理，城市化作为上层建筑的一部分对工业化有反作用，社会现代化反作用于经济现代化。

简言之，现代化最主要的表现是工业化，工业化产生城市化，而城市化对工业化有反作用，城市化进程推动现代化进程不断向前发展。或者说，城市化作为现代化的手段，现代化作为城市化的目标，两者互相推进。

---

① 在中国，近代和现代是两个不同的概念，近代化和现代化亦有不同的内涵。近代化是指以工业化和资产阶级民主化为核心内容的，以及与此相适应的生产关系、上层建筑结构建立的过程。而现代化则是在近代化基础上的一系列科学技术的发明、应用及由此引起并与此适应的社会生活各方面的变化过程。在西方，近代化的过程是英国资产阶级革命、工业革命、法国革命、美国独立战争前后开始的；而现代化则是从 20 世纪 40 年代的电子技术的广泛应用开始的，在今天仍然在飞速发展着。

二、现代城市化新于近代城市化的地方

新中国成立前，中国一方面受到外国列强的阻挠和破坏，城市受战争冲击，破坏严重；另一方面，受到本国封建主义力量的阻碍和官僚资本主义力量的束缚，自身发展需要的资金、技术、人才等方面的实力都不足，同时，传统小农经济与城市私有经济也阻碍城市化进程；加上中国缺乏正确的道路指引和稳定的发展环境，政权更迭无常，政策实施没有连续性，因此城市化几乎没有发展。

但是进入现代，城市化进程掀开了崭新的历史篇章。根据中国史学界对近现代的时间阶段划分，中国的现代化起点从 1949 年新中国成立以后开始，要晚于世界史的现代化起点。新中国成立以后，城市化开始有意识地进行，特别是在中国共产党的领导下，与时俱进，走出了一条"中国特色城市化道路"，或者叫作"中国式城市化"① 道路，从此中国开始踏上现代化进程。

中国特色的城市化道路是在中国国情的基础上，实事求是，与时俱进，科学探索出来的城市化理念，是具有中国气象的中国特色政治经济学。横向来看，欧美城市化模式与拉美城市化模式是当前世界城市化进程的两种主要模式。"欧美模式"发展基础稳固，工业化与城市化同步，市场机制是城市化进程的主要动力机制。"拉美模式"发展速度快，城市化率高，但是因为发展基础薄弱，过分追求城市化率而导致城市问题很多，比如交通拥挤、贫民窟、环境不良等，所以被称为"拉美陷阱"。而"中国式城市化"是不同于拉美城市化模式，也不同于欧美城市化模式的中国式道路。纵向来看，城市化进程的国际国内政治经济环境、政府主导力量发生了根本性的革新，现代城市化是中国共产党的领导下，全国人民共同参与的城市化进程。

新中国通过"一化三改"建立了社会主义良好开端，从计划经济体制到市场经济体制，全面坚持改革开放，制定了"三步走"的发展战略，这

---

① 刘士林. 什么是中国式城市化［N］. 光明日报，2013 - 2 - 18.

些都促使其在经济建设上取得了巨大成就。成就取得的原因很多，包含巩固政权、进行土改、良好的群众基础、苏联在工业技术上的大力援助；1978 年开始的改革开放，市场经济与计划经济相结合，以及科学发展观的崭新实践。虽然中间经历过"大跃进""人民公社化运动"与"文化大革命"，但是这些时期有些领域还是有很大进步，尤其是国防，为发展提供了稳定的国际环境。特别指出的是，改革开放后，"中国式城市化"模式更加明晰，它不仅积极植入欧美城市化的优秀基因，发挥市场在资源调配中的基础性、决定性作用，坚持与工业化、信息化、农业现代化同步，同时它又谨慎防范"拉美模式"中的诸多弊病，积极预防"城市病"。

　　中国现代化取得了巨大成就，但这其中问题很多，必须予以反思。现代化的核心是发展——经济的发展、政治的发展、文化的发展等。与发达国家相比，我们目前的现代化程度还处于低水平状态。国家以经济建设为中心的方针，在实际运作过程中，出现过分追求经济成就的倾向，我国的现代化还存在很多有待改进的地方，特别是制度建设、文化建设跟不上经济发展。就中国的现状和国际社会的发展经验来看，我国现代化建设的关键目标还是制度建设与人的现代化，我们的社会制度建设、人民生活质量、全民创新能力应随着经济的高速发展而相应地提高。作为实现现代化的必由之路，这样的历史重担必然要在推进城市化、城镇化的进程中来实现。

本 章 小 结

　　本章第一节，笔者对新中国成立前后的城市化进程进行了概述。为了更好地展示中国的城市化进程，本书将其放在历史发展的大背景下，以史学眼光描述中国城市的发生、发展历史，重点对新中国成立之前的近代百年和新中国成立后的城市化进程做了描述。

　　在第二节中，本书尝试对城市化进程背后的新政治经济学原理进行解读。因为新政治经济学主要讲的是政治对经济发展的作用机制与影响，城市化与经济发展密切相关，而本书的研究对象是城市化相关政策，研究主题就是探讨政策与城市化之间的互动关系。所以，理解城市化进程中的政府行为与政策运行，有助于我们更深刻地掌握中国城市建设与发展的规律。

第三节，阐释了新中国城市化进程的革新之处，即为什么我们研究新中国的城市化政策演化进程，相对于以前的城市化它新在哪里？进入现代，中国城市化开始有意识地进行，破旧立新，特别是在中共的领导下，与时俱进，掀开了崭新的历史篇章，走出了一条"中国式城市化"道路，从此中国开始踏上现代化进程。

综上可知，中国的城市化政策是一个不断演变发展的动态过程，城市化政策在不同的历史时期有着不同的侧重点，只有掌握了城市发展政策内容的演变，才能研判未来中国城市化政策发展的趋势。然而要全面深刻掌握政策的演化进程，决不能单纯靠经验或者空谈，必须以已经公布的政策文本为据，精细化地分析。基于此，对新中国成立以后的城市化相关政策文本进行内容分析是必须的。

第三章

新中国城市化相关政策的内容分析

政策分析方法是认识城市化政策的重要工具。目前我国政策研究正面临着研究范式的转型，政策发展的实践不断要求政策研究者拿出更有说服力的实证分析方法，对政策运行过程提供更为精确的分析，以利于决策者能够更准确地把握政策方针运行的未来趋势。笔者以重要时间节点的政策文本、案例分析为主，专注于分析城市化政策运行的真实过程。

第一节　城市化政策内容分析方法介绍

本书的研究基于以下认识而展开——中国的城市化政策是一个不断演变发展的动态过程，城市化政策在不同的历史时期有着不同的侧重点。只有以历史的眼光掌握了城市发展政策内容的演变，然后根据内容演变与评价标准判断政策的利弊得失，最后才能研判未来中国城市化政策制定的科学思路。而本书要解决的问题就是通过量化的方法分析相关政策内容，进而得出政策的演化进程并进行评价。

要考察新中国成立以来城市化政策的演化进程，就必然会接触到大量的有关政策文本，比如，历次党代会报告、历年政府工作报告、国家历次五年规划、各类政府公开信息等，其中包括大量有关政策信息的、可分析的、有用的文本材料，并且这些文本材料形式多样，难以按照常规的方法和程序进行量化分析处理。分析这些复杂材料的一种有效方法是，设法将这些散乱的文本通过结构化的转换变成可以分析的文本，并且将文本当中主要的信息用关键词编码的形式显示出来，然后统计相关信息的发生频率，从而得出量化的结论。

本书所用的是基于"文本"（Text）的政策分析方法。内容分析法是专指对文献内容进行系统的定量和定性相结合的一种语言分析方法，该方法可以最大限度地帮助我们分析、测量文本中相关主题的特征、本质、趋势，并且可以观察多个主题之间的关联性。内容分析方法的分析对象是已经公开、可以获取的文本。正因如此，该方法被誉为可以"从公开中萃取秘密"。①

通过内容分析法对政策文本进行全面、深入、精细的解读，可以帮助我们发现隐藏于现象背后的本质。但对政策文本进行量化分析又是政策研究中的难点。一方面，政策文本的获取并非易事，党和政府发布的文件种类繁多，不胜枚举。就城市化相关的政策文本来说，新中国成立以来，中共中央、国务院、各部委、各级地方政府先后发布的相关政策文件、法律法规非常多，而且下级政府多按照上级政府的意志颁布新政，多有重复，导致数量更加庞杂。另一方面，众多文本收集与管理工作量巨大，且因为在20世纪90年代计算机与互联网尚未普及之前，多数文本并未以电子文本的方式收录，处理起来颇费精力。

鉴于涉及城市化的政策太多，且为数众多的政策文本无法获取，本研究无法穷尽所有的城市发展政策文件作为分析样本。据此，笔者会按照一定的标准选取1949年以来的部分城市化相关政策文本作为内容分析的样本，对新中国各阶段的城市发展政策进行统计分析。具体的研究流程如下：第一，在开始之前确认本研究要解决的问题，是基于什么样的认识，以保证本研究具有足够的问题意识。这一点在本章节开始已作阐释，不再赘述。第二，根据研究的指向与研究假设，对即将进行内容分析的文本进行筛选，然后构建数据类别，对数据进行分门别类的处理，最终确定数据分类体系。第三，根据本书的主旨与样本选取标准，选取

---

① 李钢，等. 公共政策内容分析法：理论与应用［M］. 重庆：重庆大学出版社，2007：1.

分析单元，确定应当被列于内容分析视野中的文本，也就是本研究内容分析所选择的语料，建立新中国城市化政策研究样本库。第四，建立关键词表，建构分类指标，拓展编码的目录，将样本按照颁布的年度进行编号，对文本进行编码。第五，对样本进行分类和统计分析，包括政策数量与结构分析等。

当然，在研究过程中笔者会穿插一些重要时间节点上的典型案例，包括会议、事件、新闻等，以保证研究的丰满与可靠。

第二节　城市化政策内容分析方法设计

一、城市化相关政策文本与数据来源

在操作层面上，本研究所选的城市化相关政策文本的时间跨度从 1949 年新中国成立到 2014 年年底，主要来源于国务院网站的政府公开信息、中国法律法规数据库、国家信息中心国家法规数据库。总体上主要包括以下四大部分：

一是中共中央关于城市发展的相关指导文件，包括决议、决定、公报、意见等 15 种，[1] 例如中共十八届三中全会通过的《关于全面深化改革若干重大问题的决定》。[2] 中共对城市发展的相关意见是指导性的，最终通过全国人大依照法定程序上升为国家意志。

二是全国人大及其常委会颁布的法律及审议通过的报告、规划，这些文本收录在全国人大法规库，可以公开查询；全国人大会议通过的政府工作报告和历次五年规划。历次五年规划由中共中央给出建议，国务院编撰提出，提交全国人大审核并通过，以此指导未来五年的国民经济与社会发展。

---

① 依据 2013 年 2 月中共中央办公厅、国务院办公厅发布的《党政机关公文处理工作条例》（自 2012 年 7 月 1 日起施行），各级党政机关的公文种类共 15 种，包括决议、决定、命令（令）、公告、公告、通告、意见、通知、通报、报告、请示、批复、议案、函、纪要。
② 决议全称为《中共中央关于全面深化改革若干重大问题的决定》。

三是国务院及其各部委颁布的与城市化相关的行政法规、规章等文件，在类别上包括国令、国发、国函等。[①] 该部分的文本主要收录在国务院网站，通过政府信息公开的方式公布于社会。

四是城市化、城镇化相关的专门会议与政策文件，如中央城镇化工作会议、中央城市工作会议、国家新型城镇化规划、全国主体功能区规划等。

另外还有政府白皮书、国务院全体会议（2003 年 3 月后）、国务院常务会议文件等。

二、建立政策关键词表与标准化编码

为了解决本书提出的问题，必须根据问题将相关的概念界定清楚，在界定概念的基础上确定所需数据的种类，也就是建立内容分析关键词表。这样做的目的是通过对数据进行分类，可以测量每一类别中变量的频数。

以"城市化""城镇化"为检索对象，获取的政策文本很少，因为城市化、城镇化是一个综合性的过程，是整个现代化进程的一部分，是一个综合政治、经济、文化、社会等各方面的综合体系。所以，需要根据新中国城市化政策的演化进程与评价这一主题，结合我们的研究假设以及对城市化、城镇化、城市化政策的概念界定与辨析，确定多个关键词来考察新中国成立后城市化政策在内容上的演化，进而为接下来的政策评价提供论据，比如"工业化""基础设施""城乡建设""户籍""文化"等。

关键词选择好后就要进行编码（Coding），基本运作方式是将比较复杂、散乱的文件，通过编码转化成为结构化的、可以借助计算机进行处理的标准化信息进行文本分析。编码是内容分析搜索政策内涵问题的量化手段，它将需要分析的目标内容，按照研究所设定的分类指标，对内容材料进行分类，并且要将分类的过程按照某种指标和标准的要求进行量化标记。编码分为"自然编码"和"结构化编码"，"自然编码"是指依照被分

[①]　根据《国务院办公厅政府信息公开指南（试行）》，国务院政府公开信息的公文种类分为国令、国发、国函、国发明电、国办发、国办函、国办发明电。

析材料的自然属性所进行的编码规程；"结构化编码"是指分析人员根据相似研究所得出的经验预设，采取前设的编码原则，进行结构化的标准编码设计。本书采取了两种编码方式相结合的方法，自然编码是对样本的基本属性进行编码，结构化编码根据我们对城市化与城镇化的内涵和外延的理解，提出城市化政策历史演化的预设，来进行指标选择和分类，最终对所述问题进行相关频数统计，得出研究结论，并推测发展趋势。

本书的编码设计主要用来探索不同时期阶段的城市发展政策所聚焦的内容，比如重点关注产业发展还是民生情况，以此帮助我们从内容的转变看城市化趋势。

表 3 - 1 内容分析编码目录

一级变量	一级编码	二级变量	二级编码	变 量 解 释
政治	A	政治	A1	用以直接观察政策的倾向
		社会主义	A2	新中国成立初期，国内外政治环境影响
		城市化、城镇化	A3	城市化、城镇化的提法有政治层面的考量
		工业（化）	A4	改革开放前 30 年，工业化被当成政治任务来抓
		人口（户籍）	A5	人口与户籍在改革开放前是政治范畴
		国防（军事）	A6	改革开放前的战备时期，国防军事任务直接影响城市格局
经济	B	基础设施	B1	城市交通、水利等基础设施拉动经济增长
		协调发展	B2	属于科学发展观，首先是经济领域
		改革开放	B3	包括改革或者开放
		经济	B4	可以直观反映政策的倾向
		城乡（一体化）	B5	城乡问题，特别是城乡一体化主要是基于经济发展上的平衡
		城市群	B6	城市群是经济发展的新引擎
		城市规划、城市建设	B7	城市规划与建设直接促进城市化
		土地	B8	土地问题是城市化进程不可回避的问题之一

一级变量	一级编码	二级变量	二级编码	变 量 解 释
经济	B	农业	B9	"三农"问题的根本在于经济问题
		农村	B10	
		商业（服务业）	B11	同属于第三产业政策体系
		信息化（信息产业）	B12	
		资源	B13	资源是很多城市存在问题的原因，成为资源型城市
社会	C	社会保障	C1	社保问题反映城市民生问题
		民主法治	C2	民主法治关乎社会安定、进步
		人民生活	C3	人民生活直接反映社会发展水平
		科技	C4	科、教、卫的投入度反映城市的民生发展
		教育	C5	
		卫生	C6	
		收入	C7	收入、就业是反映社会进步的客观标准
		就业	C8	
		环境保护（生态）	C9	生态更关乎人的生存
人文	D	文化（文化事业、文化产业）	D1	旅游、文化交流等日渐受到关注，反映人的需求变化；广电、新闻出版等文化产业是经济结构调整和转型发展的反映
		精神文明	D2	精神文明是人文社会的标准
		软实力	D3	文化软实力反映国家、区域、城市综合竞争力
		人才	D4	人才是科技、教育、文化的核心

三、内容分析可靠性检验

需要指出的是，在对文本进行内容分析时，由于很大程度上是靠研究者的主观判断，所以必须采取一些措施保证分析的效度（validity）和信度（reliability）。

效度是指被分析对象，也就是本书所选文本的有效性和正确性，亦即所选文本能够完成研究假设的程度。保证所选文本的效度非常重要，直接影响着我们所得出结论的方向。因为政策文本本身并没有问题，关键在于笔者如何选取有效的文本进行分析，所以在接下来的选取分析单元时会根据一定的筛选标准进行选择，保证分析对象的效度。信度是指政策文本的可靠性与稳定性，由于本书研究对象都是极具权威性的政策文本，所以不存在信度问题。

关于误差，主要存在于政策文本的不同形式、不同版本上。有些文本公布的是纲要、摘要，不是全文，有些文本是党报或者新华社授权公布的会议简报，会造成小范围的误差。

在数据处理分析方面，本书主要采用 MS EXCEL 及 SPSS 软件对所录数据进行统计分析。

第三节　城市化政策文本的数量与内容结构分析

一、选取分析单元建立政策样本库

城市化与城镇化政策研究的复杂之处在于，城市问题涉及国民经济与社会发展的方方面面，如经济管理、国土资源、"三农"问题、城乡建设、人口、文化、教育等，而各个专项政策中又纵横交织着城市问题。再者，本研究在时间维度上从 1949—2014 年，长达 65 年，所以不可能穷尽其间所有政策文本的获取与分析，只能选择一些有针对性的政策文本进行内容分析，所以必须确定哪些文本应当被列于本研究的内容分析视野中，也就是本研究内容分析所选择的语料，以建立新中国城市化政策研究样本库。

根据本书的研究假设与主旨，政策文本的内容分析主要是全面宏观地把握新中国成立以来城市化在国民经济和社会发展中的走势与特点。

第一，国家的政策制定受中共中央的指导，也就是党的意志，当然，中共的意志必须代表人民的意志。所以中共对城市工作的指导意见是我们分析的重点，比如历年的中央经济工作会议，以及新中国成立后，中共工作重心是如何从农村转移到城市的，等等。

表 3-2　中共中央有关文件

序　号	名　称	数　量
1	历次党代会	18
2	历届三中全会（十一至十八届）	8
3	历次五年规划（计划）	12
4	中央经济工作会议（1995—2014 年）	20
5	中央城镇化工作会议	1
6	《国家新型城镇化规划（2014—2020 年）》	1

第二，党的意志通过全国人大上升至国家意志，也就是法律，[①] 也包括全国人大审议通过的历次五年规划，其中很多关于城市发展部分的内容是我们重点分析的对象。国民经济和社会发展五年规划能够比较直接地反映国家在整体的资源配置与经济社会发展导向上的计划性和指导性。对于下一个五年计划，党中央一般会先提出计划建议，比如，中共十七届五中全会审议通过了关于制定"十二五"的建议。[②] 由于历史原因，有些年份五年计划缺失，所以这些"建议"便成了分析的重点。

第三，针对城市化与城镇化的专门政策，比如 2013 年召开的中央城镇化工作会议，以及 2014 年颁发的《国家新型城镇化规划（2014—2020 年）》。

---

①　不同类别的政策效力排序：第一，法律，即全国人民代表大会及其常务委员会颁布的法律。第二，行政法规，指国务院根据宪法和法律，按照法定程序制定的有关行使行政权力、履行行政职责的规范性文件的总称，包括条例、办法、实施细则、规定等形式，发布行政法规需要以国务院令形式发布。第三，国务院行政规范性文件，指国务院发布的规范性文件，包括国务院发布的具有普遍约束力的决定、命令、规定、办法、实施细则、意见、通知等。第四，部门规章，指国务院组成部门及直属机构根据法律和国务院的行政法规、决定、命令，在本部门的权限内发布的命令、指示和规章，通常以部委令的形式发布。第五，部门行政规范性文件，指国务院各组成部门及其直属机构发布的具有普遍约束力的决定、命令、规定、办法、实施细则、意见、通知等。

②　该建议全称为《中共中央关于制定国民经济和社会发展第十二个五年规划的建议》。

表 3-3　历次五年规划（计划）文本统计说明

序号	五年规划（计划）文件名称	规划时间	文本材料备注
1	"一五"计划①	1953—1957年	—
2	中共八大关于"二五"计划的建议②	1958—1962年	"二五"计划的制定曲折反复，终因指导方针与指标的变化调整过多而未能发布，该阶段也是"大跃进""大炼钢铁""人民公社"运动时期
3	中共中央关于印发"三五"计划的三个文件的通知③	1966—1970年	十年社会运动导致正式的"三五"计划终未形成
4	"四五"计划④	1971—1975年	"四五"计划最终仍以"草案"的形式印发
5	1976—1985年发展国民经济十年规划纲要	1976—1985年	"五五"计划没有独立的文本，包含在1976—1985年的十年规划纲要中，其主线是"恢复、调整"
6	关于"六五"计划纲要的报告⑤	1980—1985年	"六五"计划原本包含在《1976—1985年发展国民经济十年规划纲要》之中，但后来被推倒重新制定，于1982年在五届全国人大五次会议上通过
7	"七五"计划（摘要）⑥	1986—1990年	—
8	关于"八五"计划纲要的报告⑦	1991—1995年	—
9	"九五"计划和2010年远景目标纲要⑧	1996—2000年	—

————————

① 全称为《中华人民共和国发展国民经济的第一个五年计划（1953—1957年）》。
② 全称为《中国共产党第八次全国代表大会关于发展国民经济的第二个五年计划的建议（1958—1962年）》。
③ 全称为《中共中央关于印发第三个五年计划的三个文件的通知（1966—1970年）》。
④ 全称为《中华人民共和国国民经济和社会发展第四个五年计划（1971—1975年）》。
⑤ 全称为《关于第六个五年计划纲要的报告（1980—1985年）》。
⑥ 全称为《中华人民共和国国民经济和社会发展第七个五年计划（摘要）（1986—1990年）》。
⑦ 全称为《关于国民经济和社会发展十年规划和第八个五年计划纲要的报告（1991—1995年）》。
⑧ 全称为《中华人民共和国国民经济和社会发展"九五"计划和2010年远景目标纲要（1996—2000年）》。

续表

序号	五年规划（计划）文件名称	规划时间	文本材料备注
10	"十五"计划纲要①	2001—2005年	—
11	"十一五"规划纲要②	2006—2010年	从"十一五"开始，"计划"变为"规划"
12	"十二五"规划纲要③	2011—2015年	—

材料来源：中国共产党新闻网文献资料库之历次五年（规划）计划④。

第四，国务院颁布的政策文件。根据国务院政府公开信息的22个主题类别（见表3-4）。⑤本研究采集了2008年4月24日—2015年8月所有类别的3 773个文件，其中"城乡建设、环境保护"一类有351个文件。该类别中，直接与城市化政策有关的"城市规划、城乡建设"的文件有163个，是我们的重点研究对象，在所有政府公开的文件中占4%。

表3-4　国务院办公厅政府信息公开目录按主题类别与文件数量

序　号	主　题　类　别	数　量
1	商贸、海关、旅游	456
2	城乡建设、环境保护	351
	环境保护	188
	城市规划、城乡建设	163
3	工业、交通	282
4	国务院组织机构	270
5	财政、金融、审计	264
6	综合政务	257
7	农业、林业、水利	243

---

① 全称为《中华人民共和国国民经济和社会发展第十个五年计划纲要（2001—2005年）》。
② 全称为《中华人民共和国国民经济和社会发展第十一个五年规划纲要（2006—2010年）》。
③ 全称为《中华人民共和国国民经济和社会发展第十二个五年规划纲要（2011—2015年）》。
④ 历次五年计划［EB/OL］.［2015-09-05］. http://cpc. people. com. cn/GB/64184/64186/index. html.
⑤ 根据《国务院办公厅政府信息公开指南（试行）》将公开的政府信息划分为22个类别。

续表

序　号	主　题　类　别	数　量
8	国民经济管理、国有资产监管	219
9	劳动、人事、监察	199
10	科技、教育	195
11	民政、扶贫、救灾	186
12	国土资源、能源	179
13	市场监管、安全生产监管	151
14	公安、安全、司法	130
15	卫生、体育	129
16	文化、广电、新闻出版	105
17	对外事务	54
18	国防	32
19	港澳台侨工作	26
20	其他	20
21	人口与计划生育、妇女儿童工作	13
22	民族、宗教	12

数据来源：中国政府网政府信息公开专栏。

需要指出的是，并非只有"城市规划"与"城乡建设"与城市化有关，比如"工业、交通""农业""民政""国土资源""人口与计划生育"都会有内容与城市建设与发展相关。但是作为内容分析，考虑到文本必须清晰明确，所以本研究只将"城市规划"与"城乡建设"有关的163个文件作为分析对象。

第五，是相关部委文件。负责城市建设与发展的两大部委主要是住房和城乡建设部（简称住建部）与国家发展和改革委员会（简称国家发改委）。其他部委也有相关政策出台，但不做重点分析。

二、城市化相关政策数量与内容结构分析

根据上述的方法设计，我们首先对1949—2014年中国的城市化政策从

总体上做政策数量与政策内容结构的初步分析，从而对这一时期城市化的相关政策有一个宏观层面的把握；然后在后面章节中，从微观层面着手，根据内容进行演化进程的分析和评价研究。

（一）中共中央对城市化的相关指导分析

自党的十一届三中全会至十八届四中全会，总共有 52 次[①]中央全会记录在案，可以采集查阅。其中，历次三中全会都会有改革信号释放，特别是针对经济体制改革，这些三中全会通过了 6 个《决定》。本研究分析审议通过的决定、报告、决议、意见文本数量如下（见表 3 - 5）：

表 3 - 5　中共中央政策文件统计

文件类型	决　定	报　告	决　议	意　见
数　量	20	11	9	2

（二）历年中央经济工作会议（1995—2013 年）

中央经济工作会议是国家最高规格的经济发展工作会议，每年该会议备受国内外人士高度关注，因为该会议的主要任务就是制定次年中国宏观经济发展蓝图，指出新一年重点的经济社会发展任务。可以说，它是判断当时国内外经济形势重要参考系，也是观察中国宏观经济政策走势的权威指导会议。通过对 1995—2013 年中央经济工作会议报告的文本内容分析统计可见，2012 年"城镇化"在会议报告中出现的次数最多（见图 3 - 1），这也是国家将"城镇化"作为国家战略的重要体现，会上提出了城镇化战略的重要任务。

城市与农村经济问题一直内含在经济工作会议中，但这几年城市建设与发展问题被多次单独列出来，反映城市问题日益被提上显著位置。在历年的中央经济工作会议（1995—2014 年）上，都会部署来年的工作任务，一些重点领域会被提到多次，成为高频词汇，受到重点关注，[②]为本研究

---

① 吴耀谦. 历届中央全会通过的文件名称有什么讲究？［EB/OL］.（2014 - 10 - 24）［2015 - 09 - 05］. http://www.thepaper.cn/newsDetail_forward_1273027.

② 郑汉星. 图解：历年中央经济工作会议关键词、政策组合［EB/OL］.（2014 - 12 - 09）［2015 - 09 - 05］. http://www.ce.cn/xwzx/gnsz/gdxw/201412/09/t20141209_4075396.shtml.

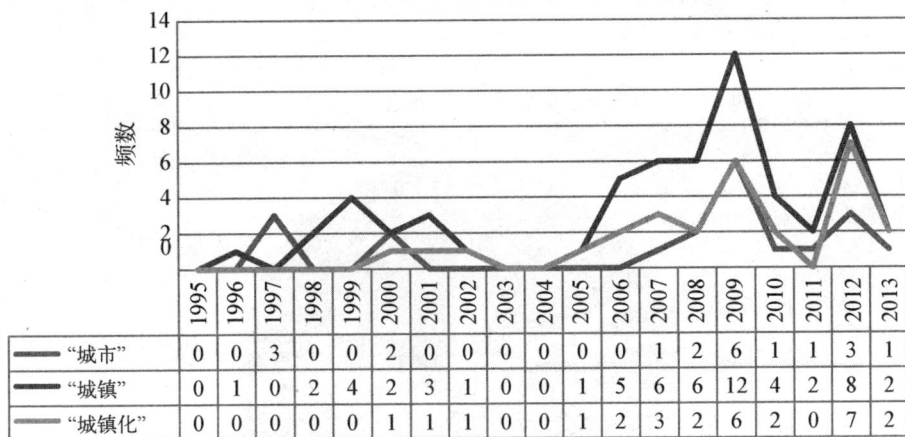

	1995	1996	1997	1998	1999	2000	2001	2002	2003	2004	2005	2006	2007	2008	2009	2010	2011	2012	2013
"城市"	0	0	3	0	0	2	0	0	0	0	0	0	1	2	6	1	1	3	1
"城镇"	0	1	0	2	4	2	3	0	0	1	5	6	6	12	4	2	8	2
"城镇化"	0	0	0	0	0	1	1	1	0	0	1	2	3	2	6	2	0	7	2

图 3 - 1　1995—2013 年中央经济工作会议报告文本内容分析统计

中的"经济型城市化"内容分析提供了翔实的材料。

　　本研究汇集了历年均会在经济工作会议中出现且备受关注的一些议题关键词，通过对这些关键词的频数统计可以看出（见图 3 - 2），"城镇化""区域协调发展""三农"这些与城市化密切相关的词汇已经多次出现在经济工作会议中。随着城镇化进程的加快，土地制度改革和城镇化规划、基建投资方向等也将引发社会、市场更多的关注，特别是之后"全面深化改革"的"十三五"期间。

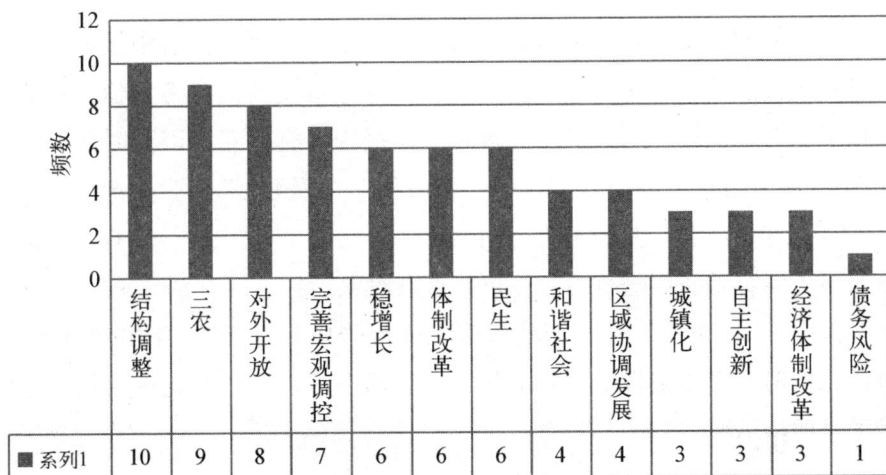

■系列1	结构调整	三农	对外开放	完善宏观调控	稳增长	体制改革	民生	和谐社会	区域协调发展	城镇化	自主创新	经济体制改革	债务风险
	10	9	8	7	6	6	6	4	4	3	3	3	1

图 3 - 2　历年中央经济工作会议关键词统计

（三）国务院政府信息公开的政策文件

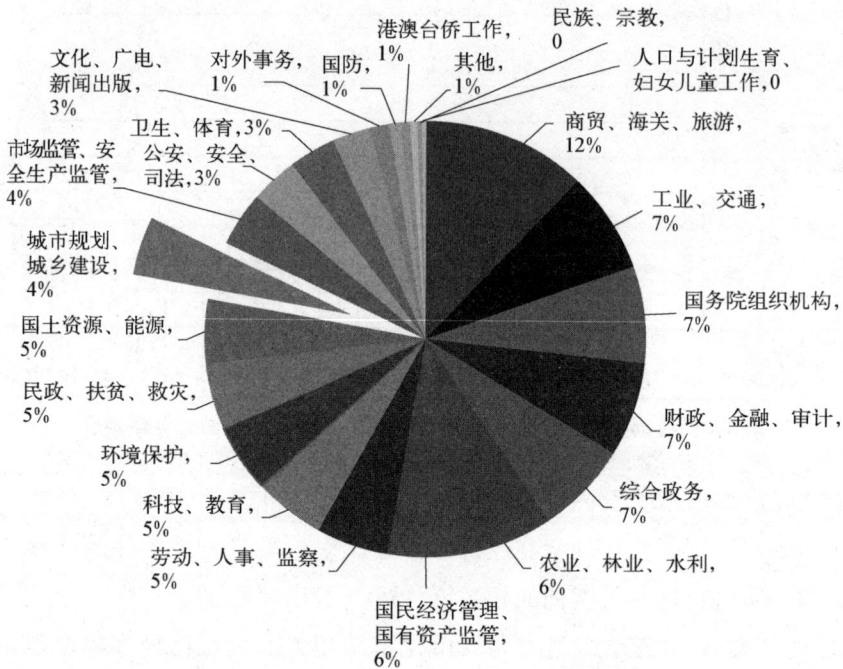

图 3 - 3　政府公开信息中各主题的信息所占比重

（四）历年政府工作报告（1954—2015 年）

历年政府工作报告每年都会在全国人大会上由总理宣读，它是对已经过去一年的归纳总结，也包含对未来一年的工作部署，报告中显示的政策信息对于我们了解国家的宏观政策走势具有非常重要的参考价值。本研究采集了 1954—2015 年共 47 年的政府工作报告（有些年份因当时环境形势而缺失），并且以"城市""城镇""城市化""城镇化"作为关键词进行检索，定位有效内容，并确定关键词频数，研究结果见图 3 - 4。有关键词分布的报告内容是我们进行内容分析的重点对象。

其中，"城市化"在历年的政府工作报告中只在 2011 年出现过 1 次，时任总理温家宝在报告中对城市化的布局形态，以及城镇化的质量和水平做了重要指示。①

----

①　原文为：《完善城市化布局和形态，不断提升城镇化的质量和水平》。

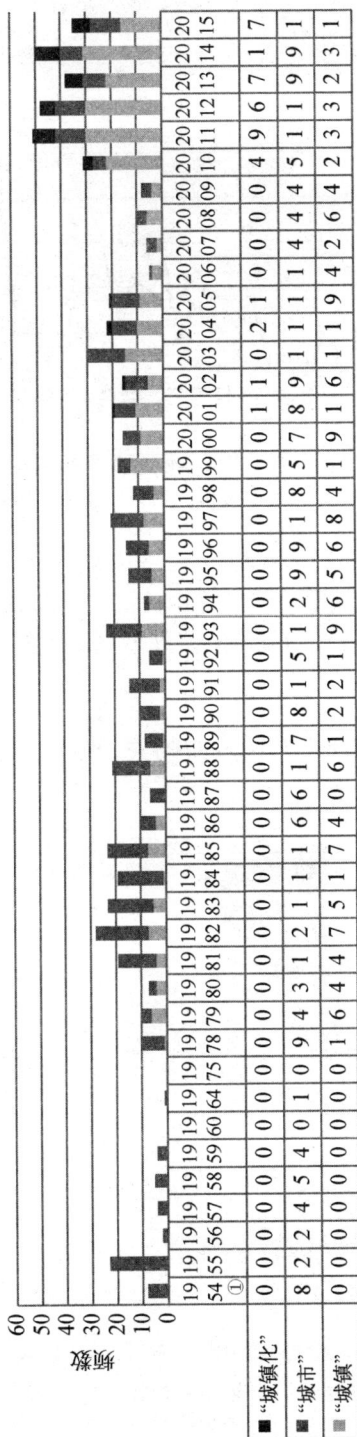

图 3 - 4　1954—2015 年历年政府工作报告文本关键词统计分析

年份	"城镇化"	"城市"	"城镇"
1954①	0	8	0
1955	0	2	0
1956	0	2	0
1957	0	4	0
1958	0	5	0
1959	0	4	0
1960	0	0	0
1964	0	1	0
1975	0	0	0
1978	0	0	1
1979	0	9	6
1980	0	4	4
1981	0	3	4
1982	0	1	4
1983	0	2	7
1984	0	1	5
1985	0	0	7
1986	0	0	4
1987	0	5	0
1988	0	6	6
1989	0	7	1
1990	0	9	2
1991	0	5	2
1992	0	1	2
1993	0	2	6
1994	0	9	5
1995	0	9	6
1996	0	5	8
1997	0	9	4
1998	0	7	1
1999	0	5	8
2000	0	7	4
2001	0	8	6
2002	1	7	6
2003	2	1	6
2004	1	1	9
2005	1	1	4
2006	1	1	4
2007	0	4	2
2008	0	4	6
2009	4	4	2
2010	9	5	6
2011	7	1	4
2012	7	9	2
2013	7	9	3
2014	14	9	3
2015	15	1	1

频率（纵轴刻度）：0　10　20　30　40　50　60

① 因版面缘故，数字挤压，为 1954，下同。

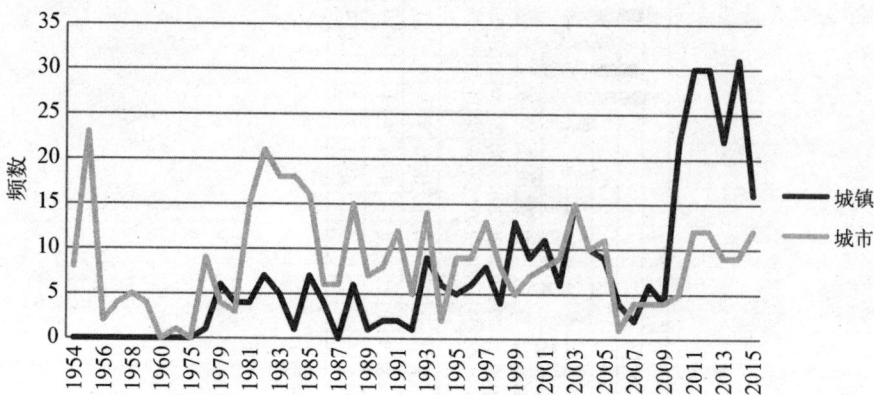

**图 3‑5　1954—2015 年历年政府工作报告中
"城镇"与"城市"出现的频数曲线**

（五）相关部委部分政策文件

本研究以住建部官方网站的政府信息公开专栏为文本采集来源，从 1988 年 12 月 20 日建设部颁布的城市用水管理相关文件，到 2015 年 8 月 31 日工业和信息化部与住建部共同发布的关于绿色建材生产和应用的相

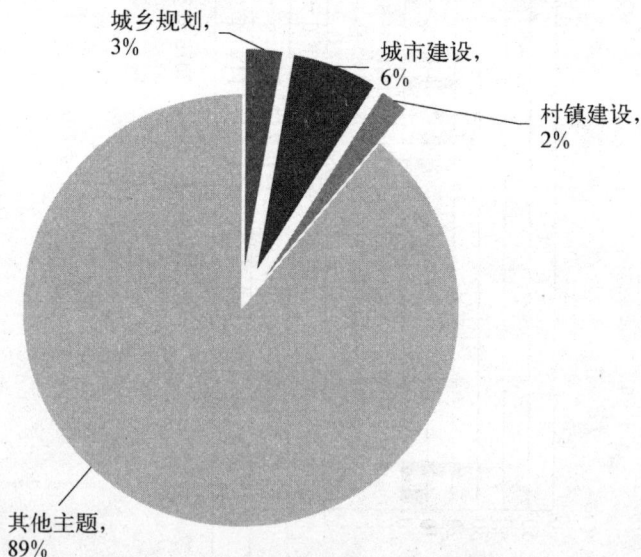

**图 3‑6　住建部城市化相关政策文件主题
分类统计（1988—2015 年）**

关文件，总共有 5 784 个文件，以"城乡规划""城市建设""村镇建设"为主题关键词分别搜索到 152、361、118 个文件（见图 3 - 6）。[①]

另外，以发改委官方网站的政府信息公开专栏为文本采集来源，从 1992 年 7 月—2015 年 9 月，以"城市""城镇""城乡""城区"为公开事项名称关键词进行检索，共采集到 274 个文件，分布见图 3 - 7,[②] 其中，包括关于城镇廉租住房租金的管理办法、长江中游城市群发展规划[③]等重要文件。

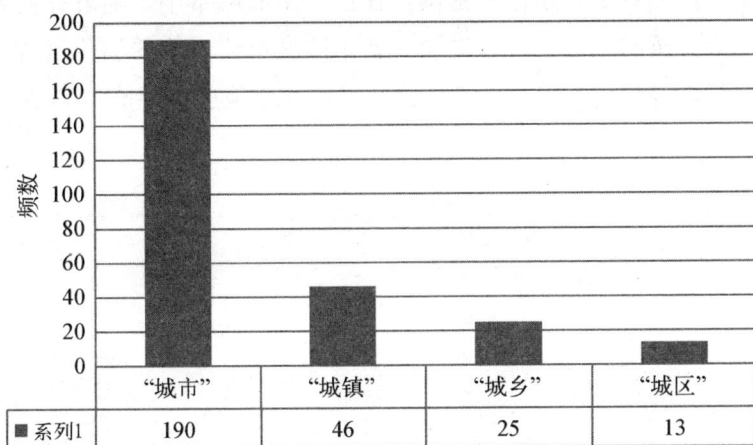

图 3 - 7　发改委政府信息公开文件关键词频数统计（1992—2015 年）

	"城市"	"城镇"	"城乡"	"城区"
■系列1	190	46	25	13

本 章 小 结

本章介绍了本书的主要研究方法——内容分析法，并在对 1949—2014 年我国城市化相关政策文本进行收集、取样、量化分析的基础上，从宏观角度了解了城市化相关政策的数量与内容结构。

中共中央对城市建设与发展的相关意见是顶层指导性的，可以深层次

[①]　住房和城乡建设部网站政府信息公开专栏 http：//ginfo. mohurd. gov. cn/.

[②]　国家发展和改革委员会网站政府信息公开专栏 http：//zfxxgk. ndrc. gov. cn/PublicItemFrame. aspx.

[③]　《关于印发长江中游城市群发展规划的通知》（发改地区［2015］738 号）。

影响中国城市化政策的走向，其文件材料具有非常重要的参考价值，其中历次党代会、国民经济与社会发展五年规划、中央经济工作会议、中央城镇化工作会议、中央城市工作会议都为中国的城市化道路提供了高屋建瓴式的政策指引。国务院政府信息公开的政策文件确保中央对城市化的指导能够落实下去，包括相关法律与行政法规、政府工作报告、相关部委的政策文件等。

　　本章是全书的实证方法介绍与宏观透视，它奠定了本研究最后结论得出的基础，影响着研究结论的基调。在接下来的两章中，笔者在对相关政策文本内容分析的基础上，首先探讨新中国城市化政策的演化进程，然后基于政策的内容分析，尝试对新中国的城市化政策进行评价。

第四章

基于内容分析的新中国城市化政策
演化进程（1949—2014 年）

　　以内容分析为基础，通过对 1949—2014 年这 65 年主要相关政策文本的解析，笔者希望能够回答三方面的问题：一是中国城市化政策在内容或者理念上经历了怎样的一个演化历程？即以前是什么样的，现在是什么样的？二是这种政策演化运行的机理是什么，政策产生的动力机制是什么？三是未来中国城市化政策制定的走势是什么，朝着什么方向发展？

第一节　改革开放前 30 年中国城市化
政策演化进程分析

　　从新中国成立到改革开放前的 30 年中，中国的城市化进程缓慢而曲折。一般我们认为城市化进程与工业化程度是正相关的，但是中国在这段时期的城市化并不与工业化速度相符；相反，缓慢的城市化进程背后是高速推进的工业化进度。工业化进程并未带动城市的发展壮大，这背后是当时政治环境下国家政策作用的结果。从政策内容分析来看，这 30 年的城市化政策以服务工业化为主，而工业化在这段时期具有政治属性。

一、1949—1958 年：建立工业基础

这个时期的城市政策要从新中国成立前开始考察。1945 年后，随着解放战争国共两党攻守形势的转换，特别是以 1947 年石家庄解放后，中国共产党便开始谋划将工作重心由农村转移到城市。解放战争结束后，中国共产党开始执政，城市问题变得更为急迫。因为以前中共走的是"农村包围城市"的路线，工作的重心也在农村，取得执政党的合法性后，改变以前在农村工作的思路与方法，从执政党的角度做城市工作，这是一个非常重大的角色转换与重心转移，也面临很多的困难与挑战。毕竟，城市作为国家生产力的集聚地，是政治经济中心，其兴衰关乎国家命运，顺利接管城市才是中共真正成为执政党的标志。经过多年战乱，全国各级城市已经满目疮痍，百废待兴，中国共产党接手的是一个烂摊子。同时，经营城市的方法也与农村截然不同，工作环境、所依靠的力量都已经发生变化，城市建设与发展充满了挑战，基本是"摸着石头过河"。比如，在总结以往城市工作经验与教训的基础上，1949 年中共七届二中全会便提出要发展"生产的城市"，认为生产的恢复是巩固人民政权的保障，要改变"消费的城市"的观念。这样的会议精神对城市、对国家未来的政策走势带来极其重要的影响，几乎城市中所有的工作重心与任务都围绕着"生产"进行。[①]当时，中共七届二中全会结束后，《人民日报》呼应中共号召，提出把建设"生产的城市"作为"当前的重要任务"。[②] 这样的战略方针直接影响了后来很多年的城市建设与发展政策。

1949—1952 年，国家对城市进行了改造，整顿城市社会秩序，强化城市生产功能，国民经济逐渐恢复并开始稳定发展。从该时期的会议文件与相关政策文本分析可以看出，国家所有的政策主旨都是为了在短时间内，在弱基础下，快速实现高积累，以应对国际环境及国内形势的压力，此时，城市整体上都服从这个目标进行制度安排。政策在实施过程中并非一

---

① 参见毛泽东. 在中国共产党第七届中央委员会第二次全体会议上的报告（1949 年 3 月 5 日）[M] //毛泽东选集. 北京：人民出版社，1991：1428.
② 把消费城市变成生产城市 [N]. 人民日报，1949 - 3 - 17.

帆风顺，为了使这些政策不受干扰，国家采取了户籍制度、粮油供应制度、劳动用工等方面的政策，以此阻止人口和劳动力资源在城乡间、地域间自由流动。这样的政策指导本质上是一种军事化管理的思维，继承了革命战争时期的经验与苏联的经验进行管理。

1953—1957 年，"一五"计划实施，开始了大规模经济建设。根据对"一五"计划文本进行内容分析可见，这一时期，国家计划的特点是，政策重心集中在"工业"上，"城市建设"虽有提及，但是处于从属于"工业"的地位。政策的主体完全由国家承担，计划实施、政策的实施效率非常高。需要指出的是，这个时期"工业化"与政治是紧密联系在一起的，可以说工业化目标就是政治任务。"一五"计划的一项基本任务就是集中主要力量进行工业建设，建立我国社会主义工业化的基础。后来的"以钢为纲""全民大炼钢铁"都是在"工业增速，赶超英美"这样的政治号召下展开的运动。"一五"计划第十章"地方计划问题"在讲到城市建设应该注意的问题时，指导思想十分明确，指出城市公用事业的建设，都应首先服务于国民工业的建设和生产，保证企业的生产需要。[①] 城市以及农村的建设与发展都是为了服务于工业化，服务于生产。

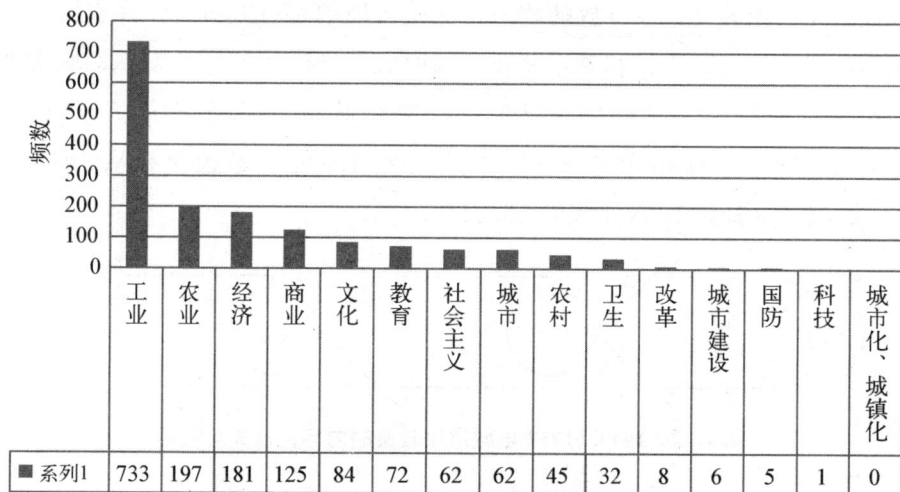

■系列1	工业	农业	经济	商业	文化	教育	社会主义	城市	农村	卫生	改革	城市建设	国防	科技	城市化、城镇化
	733	197	181	125	84	72	62	62	45	32	8	6	5	1	0

图 4 - 1　"一五"计划政策文本内容关键词频数分析

---

　　① 参见中华人民共和国发展国民经济的第一个五年计划（一九五三——一九五七）[EB/OL].
[2015 - 09 - 08]. http://cpc. people. com. cn/GB/64184/64186/66660/4493004. html.

　　需要指出的是，该时期对城市体系的规模与结构也开始进行有计划的指导。1955 年的政府工作报告中就对城市的规模与体系进行指导，特别是对大中小城市的发展时序进行计划安排，指出当时城市建设的重心不在沿海大城市，而应在内地中小城市，并要适当地限制大城市的发展。[①] 这样的发展时序与安排在根本上是在资源紧张情况下，对资源的计划性配置，照顾国家在中西部的战略。同年，针对新建的城市，国家建设委员会也指出要以中小城镇及工业镇为主，尽量不建大城市。这样的城市发展布局在当时有着现实发展环境的考量，因为"一五"计划主要是对工业建设的部署，特别是工业的地区分布，包括一方面要充分利用上海、东北，以及以前的工业重地的基础设施；另一方面要积极开拓华北、华中、西北、西南等地的工业建设。[②] 这样的工业分布部署有着很强的国家战略意图，在今天看来是值得肯定的。这些可以被视作中国城市体系规模结构与经济布局政策的早期提法。

　　从城市化进程的角度来看，这段时期随着"一五计划"的制定和实施，156 项重点工程在各个大中城市迅速落地，在重点城市安排了重点建设项目。同时，在关键的人口政策上，对中华人民共和国成立初期的人口控制政策有所转变，以开放的政策，让城市吸纳农村人口，允许农民进入城市，鼓励农民到工厂和矿区就业，因而大大推动了城市的发展，城市人口也相应增加，短时间内诞生了 11 座新城市。据国家统计局数据，1949—1958 年，城市数量从 132 个增加到 184 个，城市化率从 1949 年的 10.64％上升到 1958 年底的 16.25％。

图 4 - 2　1949—1958 年城市化政策的内容、模式与结果

---

　　① 李富春. 1955 年国务院政府工作报告　关于发展国民经济的第一个五年计划的报告 [EB/OL]. （2006 - 02 - 23）[2015 - 09 - 08]. http://www.gov.cn/test/2006 - 02/23/content_208705.htm.
　　② 详见李富春. 1955 年国务院政府工作报告　关于发展国民经济的第一个五年计划的报告 [EB/OL]. （2006 - 02 - 23）[2015 - 09 - 08]. http://www.gov.cn/test/2006 - 02/23/content_208705.htm.

　　人们对这一阶段城市化进程的正面评价是比较一致的。为了满足经济恢复与工业建设的需要，国家通过一系列的政策工具调动全部力量服务工业化，城市建设与发展的主要目标也都服从工业化目标，并且类似"工业就业"与"农转非"的计划经济政策一直持续。这一时期，我国的工业化发展相当迅速，短时间内建立了比较完整的工业体系和国民经济体系，也有效地带动了城市发展。

二、1958—1978 年：曲折发展中的工业

　　"一五"计划结束后，受极"左"思想影响，1958—1960 年正值"二五"实施阶段，发动"人民公社""大跃进""全民大炼钢铁"运动，其初衷是希望尽快改变国家的落后状况，但主观上急于求成，忽视经济发展的客观规律，由此导致中国经济社会发展严重受阻，人民生活受到严重影响，城市化进程也出现衰退。

　　"二五"计划（1958—1962 年）制定过程中，由于指导方针与计划数字不断调整变化，曲折反复，最终正式文件始终未能颁布。可供分析的文本只有中共八大关于"二五"计划的建议文本，从对该建议文本的内容分析可以看出（见图 4 - 3），发展工业仍然是国家的主要任务，"工业"一词出现的频数为 103 次，"城市建设"全文只出现 1 次，表述为"同时应该加强城市建设工作，适应工业发展的需要"。可见，该时期的总体方针还是延续以往，而工业化与城市建设在这样的政策方针下不会同步，政策运行具有明显的偏向性。

　　"大跃进"带来的高速发展是基于对政治任务的单方面负责，短时间膨胀式的积累使其缺乏稳健的经济基础，摇摇欲坠。所以，当自然灾害与国际关系紧张和政策失误三方面因素叠加时，其带来的后果是极端不幸的。经济建设全面萎缩，民众温饱无法满足，国家只能机械地减少城市人口，分散到农村参加农业生产。在这样的形势下，城市化无从谈起。

　　1962 年后，在"八字方针"指导下，经济开始好转。为了继续巩固基础，毛泽东当时提议"三五"计划从 1966 年开始实施，1963—1965 年不做计划，以休养生息为主。但是，1966 年"文化大革命"的突如其来，

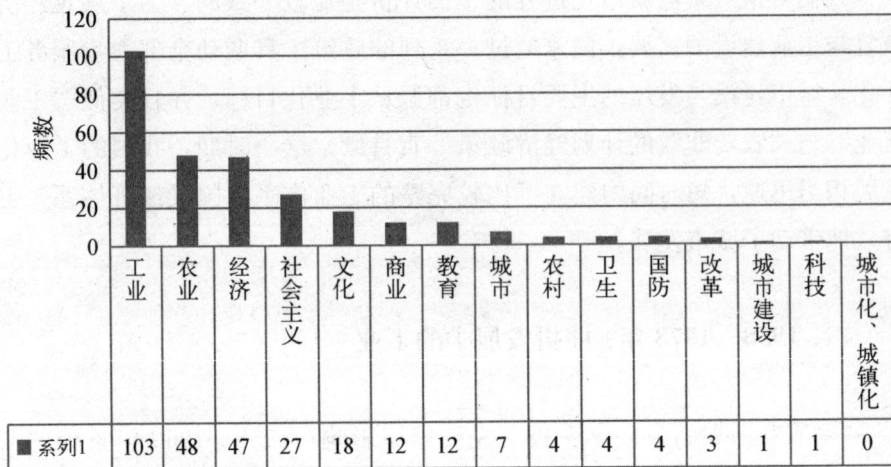

图4-3　"二五"计划政策文本内容关键词频数分析

	工业	农业	经济	社会主义	文化	商业	教育	城市	农村	卫生	国防	改革	城市建设	科技	城市化、城镇化
■系列1	103	48	47	27	18	12	12	7	4	4	4	3	1	1	0

"三五"计划也终未形成。根据后来的文献资料可见，[①] "三五"计划在城市问题上的指导方针从解决生产、解决人民的衣食住行转移到了"备战"上来，国家对形势的错误估计直接影响了政策的制定。1966—1976 年，中国生产力发展严重受挫，经济被严重破坏，直接导致城市化进程停滞，同时更加剧了二元经济结构，给现在的城乡发展不平衡问题留下病根。其间，"四五"计划也因为动乱，最终以草案形式发布，没有形成正式文件。

回顾 20 世纪 50 年代末到 60 年代中期这一历史阶段，城市化政策表现出的特点是，政策重心集中在政治运动与意识形态上，城市建设与发展几乎被忽略，停滞不前；为了整体的政治经济大局，不惜用"反城市化"的战略方针来维护整体利益，刻意打消城乡边界，抑制城市发展。这些措施被片面地认为可以消灭城乡差距与工农差别。另外，国家进行大规模的"三线建设"，用行政力量和思想动员让 2 000 多万城镇知识青年和干部"上山下乡"，沿海生产力集中内迁，大批的人力和物资撤离城市，转向了偏远山区。这些举措客观上带来的结果就是出现了"逆城市化"现象和短暂的"城乡一体化"。

---

① 参考文件有《中共中央关于印发第三个五年计划的三个文件的通知》（1964 年 5 月 2 日）、《毛泽东在国家计委领导小组汇报第三个五年计划设想时的插话（节录）》（1964 年 5 月 10 日、11 日）以及《关于第三个五年计划安排情况的汇报提纲（草稿）》（1965 年 9 月 2 日）。

图 4-4 1958—1978 年城市化政策的内容、模式与结果

从结果来看，首先，"大跃进"一开始时，牺牲农业而发展工业虽短期促进了城市化率提高，但是后期，因为对农业基础的破坏导致全国范围出现生计危机，不得不强制执行减少城市人口的政策，城市化因此动荡起伏。其次，"文化大革命"期间，由于对战略形势预判失误，政治运动和备战工作压倒一切，中国城市化几乎停滞，城市化率徘徊在 17%—18%，一直延续至 1978 年。再次，这期间的城市发展历史遗留下来的问题形成了城乡隔阂的"二元社会结构"，一系列差别对待的政策制度筑起了坚固的城乡壁垒，由此造成了城乡经济与社会的不协调发展，很多遗留问题至今仍未解决。

当然，从事物的两面性来看，这段时期的城市化进程也产生了不自觉的积极作用。新中国成立后一段时间，城市化让位工业化，城市化滞后推进有利于工业体系在高积累下早日建成，为 1978 年后生产力的迅速发展奠定了基础。

第二节 改革开放后 35 年中国城市化政策演化进程分析

改革开放后，中国社会进入了一个全方位的转型期，以 1984 年城市经济体制改革全面展开为标志，城市政策受经济政策的影响也出现极大转机。而改革开放后 35 年的城市化政策多数表现为经济政策，服务于国家经济建设。从政策内容分析来看，1978—2014 年这 35 年的城市化进程是"经济型城市化"。不可否认，这阶段的经济发展史与城市发展史在中国现代化进程中意义重大，也为世界所瞩目，但如果城市快速扩张而不能与社会相协调，就会产生许多问题。

一、1978—1996 年：经济体制改革

1978 年年底，中共十一届三中全会召开。这次会议被认为是改革开放的起点，主要讨论的就是"把全党的工作重心转移到经济建设上来"。根据对全会公报的内容统计分析（见图 4 - 5），这次会议中，政治纠偏、经济建设和农业问题受到主要关注与讨论，其中，"社会主义""政治""经济""农业"这些关键词都高频率地出现，对城市建设与发展问题并没有太多提及，关键词"城市"全文只出现 1 次。[①] 这基本上符合三中全会的主旨，即主要是对政治和经济的重新认识，但是，这次会议在总体精神上却对城市化进程意义重大，因为工作重心转移到经济建设上，直接为城市化打开了大门，城市化与经济建设不可分割。

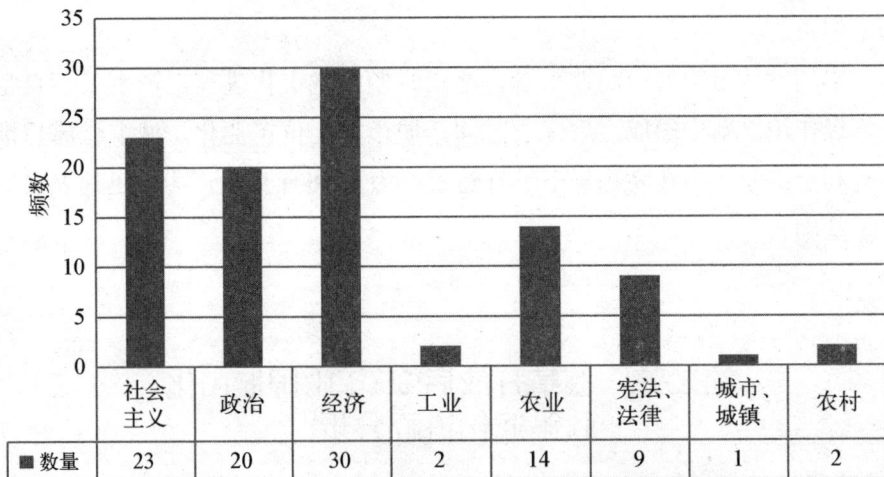

	社会主义	政治	经济	工业	农业	宪法、法律	城市、城镇	农村
■数量	23	20	30	2	14	9	1	2

图 4 - 5　中共十一届三中全会公报内容分析关键词频数统计

1978 年以后，改革开发的大幕拉开，经济建设替代阶级斗争成为国家的重心，中国的城市化也进入了快速推进的时期，城市的产业结构得到重大调整，第三产业加快发展，科技、教育、文化、卫生也得到更多支持，

---

① 中共十一届三中全会公报提出："农产品收购价格提高以后，一定要保证城市职工的生活水平不致下降。"

而第二产业作为原来城市经济的重心也得到调整。1979 年，中共中央提出
"实现农业现代化"① 的部署，指出要"有计划地发展小城镇建设和加强城
市对农村的支援"。② 这些都极大地促进了城市的全面发展。不仅城市化率
逐渐大幅提高，更重要的是城市的现代化水平，特别是城市居民精神面貌
与生活方式有了很大的变化。

　　"五五"计划（1976—1980 年）期间由于经历重大历史转折，国家
政治经济处于过渡形势，计划的制定与实施变数很大，也没有留下独立
的文本。"六五"计划（1981—1985 年）是拨乱反正后的第一个五年计
划，展现的是改革开放的新气象。通过对《关于第六个五年计划的报告》
文本进行内容分析可见（见图 4 - 6），"经济"成为"六五"计划的主要
关键词，城市建设与发展也主要围绕经济建设进行。"六五"计划特别强
调了城市在组织生产和经济引领中的作用，尤其是大城市。③ 迎来改革
开放后，特别是"六五"计划逐渐开始理顺城市建设与经济发展的互动
关系，城市在经济建设中的地位也慢慢被认可。但是，计划经济体制的
束缚仍然存在。

　　相对以前的五年计划，"改革"一词也开始频繁出现在"六五"计划
报告中。"六五"计划期间，城市化的进程随着改革浪潮也在动力机制方
面发生了质的变化，市场越来越成了城市发展的动力。以 1984 年经济体制
改革为里程碑，我国城市的经济体制改革也由扩大企业自主权开始，逐步
向广度和深度发展，国家经济政策的重点与落脚点开始落到城市，以城市
为统领。④ 这些政策建议在初衷上都是为了建设统一的市场，促进经济大

---

　　① 中共中央关于加快农业发展若干问题的决定［EB/OL］.（2001 - 04 - 28）［2015 - 09 - 08］.
http://www.people.com.cn/GB/shizheng/252/5089/5103/5206/20010428/454999.html.
　　② 中共中央关于加快农业发展若干问题的决定［EB/OL］.（2001 - 04 - 28）［2015 - 09 - 08］.
http://www.people.com.cn/GB/shizheng/252/5089/5103/5206/20010428/454999.html.
　　③ 原文为："要注意发挥城市的作用，特别要着重发挥大中城市在组织经济方面的作用"
"在同一个城市范围内的企业，不管属于哪个行业，它们的铸锻、热处理、机修、电镀等部分，
以及各种生活服务设施，要由所在城市负责，逐步统一组织专业化生产和社会化服务，独立经
营，独立核算""要以经济比较发达的城市为中心，带动周围农村，统一组织生产和流通，逐步
形成以城市为依托的各种规模和各种类型的经济区。这是改革的方向，需要有领导、有准备、
有步骤地通过试点，积累经验，逐步实施"。（1982 年 11 月 30 日《关于第六个五年计划的
报告》）
　　④ 中共中央关于经济体制改革的决定提出："加快以城市为重点的整个经济体制改革的步
伐，是当前我国形势发展的迫切需要。"

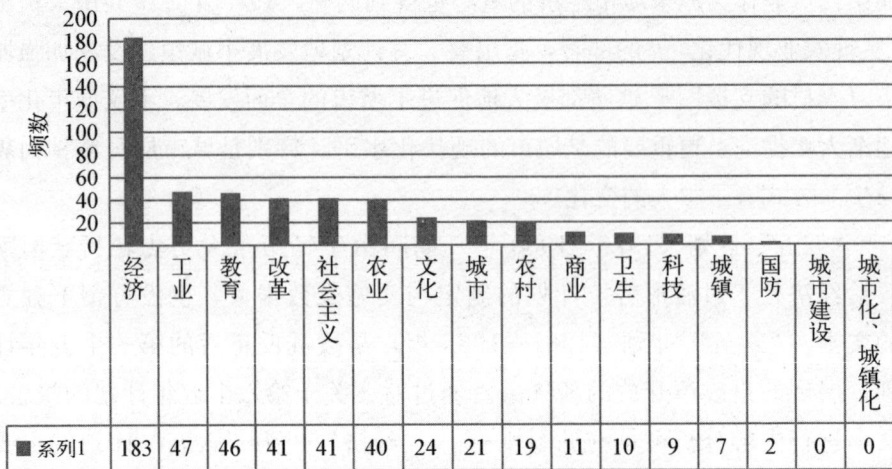

系列1	183	47	46	41	41	40	24	21	19	11	10	9	7	2	0	0
	经济	工业	教育	改革	社会主义	农业	文化	城市	农村	商业	卫生	科技	城镇	国防	城市建设	城市化、城镇化

图 4-6 "六五"计划政策文本内容关键词频数分析①

发展，但发挥城市组织经济的作用在客观上加快了城市化进程。城市经济体制迎来了改革创新的新局面。② 此后，城市经济体制改革在中国全面铺开，城市发展借着经济改革的东风进入快车道。

同时，这一时期农村经济体制改革也开始发力，有力地支撑了城市化，尽管在很大程度上还保持着计划经济体制的色彩。县改市、乡改镇是 20 世纪 80 年代以来我国城市化发展的主要模式。"先进城、后建城"的特征比较明显。

从 1984—1992 年中共十四大召开以前，各类城市像雨后春笋般成长起来，我国城市化在这一时期稳定发展。截至 1992 年，全国人口达 11.7 亿，其中城镇人口 3.2 亿，城市化率为 27.63%，城市总数为 517 座。③

"七五"计划（1986—1990 年）中关于城市建设与发展，重点对"东部沿海地带的经济发展"做出指示，要求"加快经济特区、沿海开放城市和经济开放区的建设"。④ 可见改革开放后，特别是 20 世纪 80 年代末期，

---

① 关于第六个五年计划的报告(1982 年 11 月 30 日)［EB/OL］.［2015－09－08］. http://cpc.people.com.cn/GB/64184/64186/66678/4493887.html.

② 国家经济体制改革委员会关于印发《城市经济体制改革试点工作座谈会纪要》的通知［G］//中华人民共和国国务院公报.1984：345－352.

③ 马原.论改革开放以来城市化进程的政策影响［D］.东华大学，2013.

④ 中华人民共和国国民经济和社会发展第七个五年计划（摘要）［EB/OL］.［2015－09－08］. http://cpc.people.com.cn/GB/64184/64186/66679/4493897.html.

国家对东部地区的政策支持开始逐渐增强，这也是邓小平1988年提出"两个大局"战略思想的实践基础。"七五"计划在东部城市化和区域发展上迈出重要一步，东部沿海地区的城市化进程自此随着政策红利与经济建设的高潮开始加速。在"城乡建设"方面，"七五"计划继续贯彻鼓励小城市，控制大城市的方针。[①] 1989年《城市规划法》颁布，为以后确定城市的规模和发展方向，合理地制定城市规划和进行城市建设提供了保障。可见，城镇化进程在此阶段仍然不乏计划色彩，经济是内生动力，但国家的计划任务是强劲的外在动力。

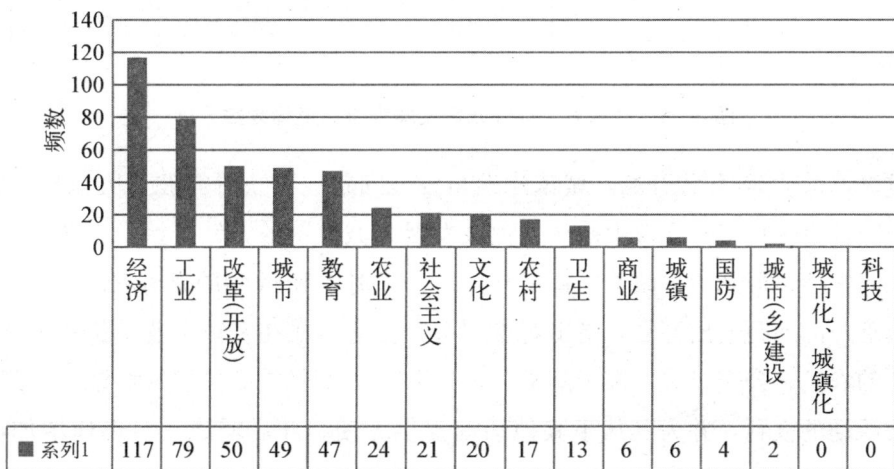

	经济	工业	改革（开放）	城市	教育	农业	社会主义	文化	农村	卫生	商业	城镇	国防	城市（乡）建设	城市化、城镇化	科技
■系列1	117	79	50	49	47	24	21	20	17	13	6	6	4	2	0	0

图4-7　"七五"计划政策文本内容关键词频数分析

这里也可以看出城乡是分离的，比如"八五"计划（1991—1995年）中关于"经济发展的地区布局"中指出，要"努力推进城市建设和乡村建设"，"加强城乡建设的统筹规划"。可见二元体制结构已经固化。

这一时期，城市化政策都围绕着经济建设，与民生极为相关的住房也因此被推向市场，开启了住宅商品化的时代。从1994年国务院决定深化城镇住房制度改革后，商品房的市场主体地位正式确立，由此造就了接下来十几年中国房地产市场的"黄金时代"。

需要指出的是，"城镇"问题在此前并未得到与"城市"问题同样的

---

① 中华人民共和国国民经济和社会发展第七个五年计划（摘要）[EB/OL]. [2015-09-08]. http://cpc. people. com. cn/GB/64184/64186/66679/4493897. html.

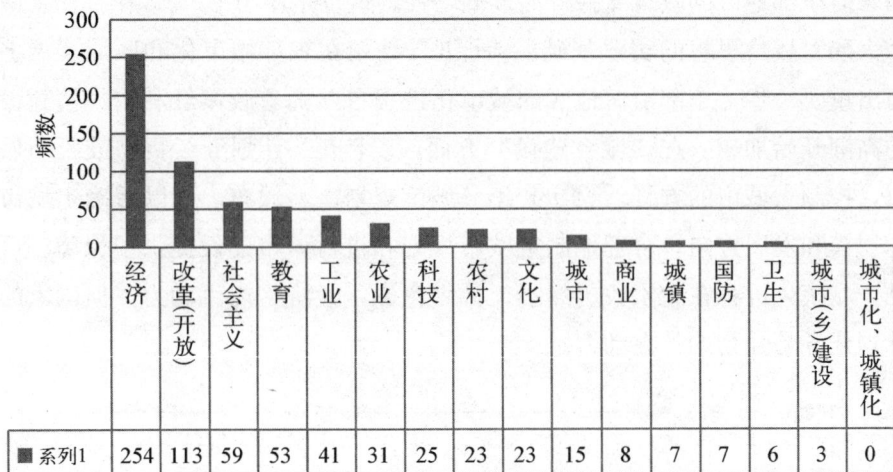

	经济	改革（开放）	社会主义	教育	工业	农业	科技	农村	文化	城市	商业	城镇	国防	卫生	城市（乡）建设	城市化、城镇化
■ 系列1	254	113	59	53	41	31	25	23	23	15	8	7	7	6	3	0

图 4-8　"八五"计划政策文本内容关键词频数分析

重视，但从 80 年代开始，城镇建设与发展问题一再获得突破。从 1980 年全国城市规划工作会议中确认"积极发展小城市"的方针开始，小城镇发展问题持续得到中央政策的肯定与支持，特别是 1984 年国家对农民进入集镇落户的问题给出答复，指出对于"有经营能力或在乡镇企业单位长期务工的农民，公安机关应准予落常住户口"，[①] 以此保护农民进入城镇从事经济活动的权利，并为其从事其他活动提供方便。此后城镇人口迅速增加，城市化水平快速提高。

　　国家还通过调节城市及建制镇的设制标准，人为地控制城市化的进程。为适应国家的社会经济形势，我国设市设镇标准的宽松程度不断变化，于 1955 年、1963 年、1984 年、1992 年多次修订小城镇的建制标准，城市化的水平随之有很大的变化。另外，中共十四届三中全会后，乡镇企业为农村地区工业化、集镇化以及释放农村剩余劳动力做出重要历史贡献，不再限制农村剩余劳动力的流动，而是引导这些劳动力有序流动。[②]

----

　　① 参见 1984 年国务院《关于农民进入集镇落户问题的通知》。
　　② 1998 年召开了中共十五届三中全会，强调发展小城镇是带动农村经济和社会发展的一个大战略，有利于乡镇企业相对集中，更大规模转移农业富余劳动力，避免向大中城市盲目流动。2000 年 7 月，中共中央、国务院《关于促进小城镇健康发展的若干意见》指出，加快城镇化进程的时机和条件已经成熟，抓住机遇，适时引导小城镇健康发展，应当成为当前和今后较长时期内农村改革与发展的一项重要任务。这使各级政府对中小城市尤其是小城镇的发展采取了更为积极的态度，推动农村人口向小城镇而非大中城市转移。

乡镇企业的兴起是推动小城镇发展的重要力量，乡镇企业的发展增加了乡镇收入，促进了农村人口向小城镇转移。1994 年《关于加强小城镇建设的若干意见》作为中国城镇健康发展的第一个指导性文件，标志着政府引导"城镇化"的开始。[①]

可见，这一时期放松了人口自由流动的限制，引导人口向小城镇流动是城市建设与发展的重要政策工具，这其中的重要驱动力是经济发展的需要。而近几年户籍制度进一步放开，特别是 2014 年《关于进一步推进户籍制度改革的意见》，则更多地并非出于经济发展因素的考量，而是出于解决社会矛盾问题的考量。

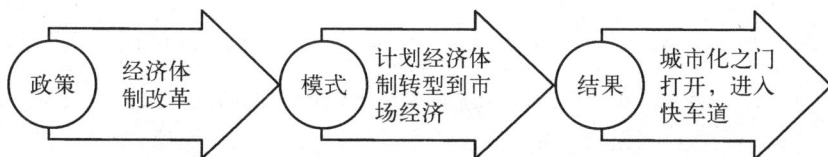

图 4 - 9　1978—1996 年城市化政策的内容、模式与结果

从结果看，这段时期随着经济体制改革全面铺开，城市化进程彻底摆脱了长期起伏、徘徊不前的局面，快马加鞭，进入加速发展的新阶段，城市化水平不断上升，我国开始步入城市化发展的"快车道"。

二、1996—2012 年：全面经济建设

从"九五"计划（1996—2000 年）文本内容分析可见，"经济"问题被密集提及，在计划文本中共出现 302 次，全国上下齐心协力以经济建设为中心，为拉动经济增长与加速城市基础建设，扩大基础设施建设投资成为立竿见影的策略。而后续的十几年，基础建设投资力度更大，增加基础设施建设投资在很大程度上拉动了经济增长，客观上带来的结果是极大地提高了城市化水平。

1998 年中共十五届三中全会再次强调小城镇的地位，对小城镇在促进

---

① 谷荣. 中国城市化公共政策研究 ［M］. 南京：东南大学出版社，2007：34.

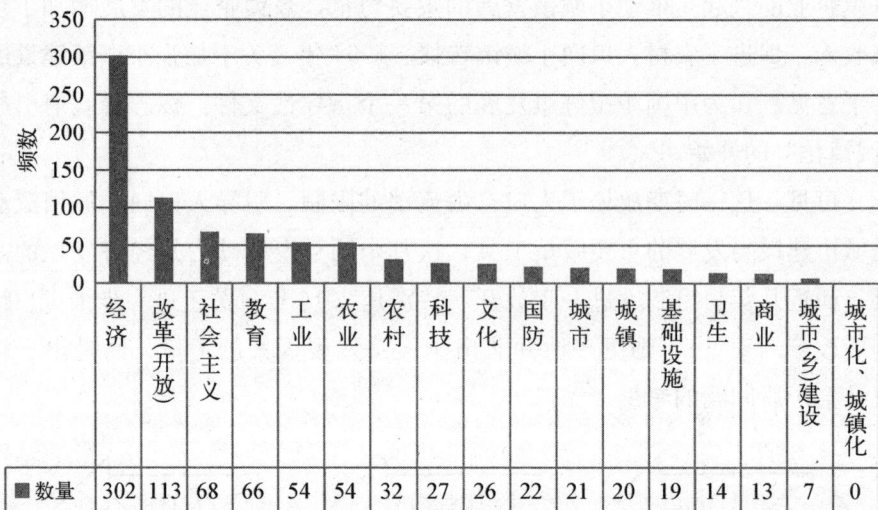

	经济	改革（开放）	社会主义	教育	工业	农业	农村	科技	文化	国防	城市	城镇	基础设施	卫生	商业	城市（乡）建设	城市化、城镇化
■数量	302	113	68	66	54	54	32	27	26	22	21	20	19	14	13	7	0

图4–10　"九五"计划政策文本内容关键词频数分析

乡镇企业发展、吸收农村劳动力方面的作用给予充分肯定。[①] 2000年，国家《关于促进小城镇健康发展的若干意见》颁布，正式提出了小城镇作为国家战略的可能性。随后，2000年11月，中共十五届五中全会把"积极稳妥地推进城镇化"列为"十五"期间必须着重研究解决的战略问题，中国的城镇化迈入了一个新的发展时期。2001年3月，"十五"计划纲要对我国的城镇化战略以及各级城市发展道路做了全新的表述。[②] 与过去的表述相比，新的表述有两个突出的特点：一是用更加积极的态度对待城市化，不再刻意控制大城市的规模；二是更加强调协调发展、科学发展，根据各类城市的特点，提出发展的重点和应遵循的原则。

"九五"计划中关于"促进区域经济协调发展"指出，要以产业发展政策为指导，以大中城市和交通要道为依托，建设跨行政区的大经济区域——区域协调发展理念提上日程，为之后一系列区域发展战略的提出奠定了基础。1999年3月，国务院提出了进一步推进西部大开发的十条意见，被视为促进区域协调发展，加快中西部城市化进程的重大战略。

---

① 参见1998年10月，中共中央《关于农业和农村工作若干重大问题的决定》。
② 原文为："有重点地发展小城镇，积极发展中小城市，完善区域性中心城市功能，发挥大城市的辐射带动作用，引导城镇密集区有序发展。"

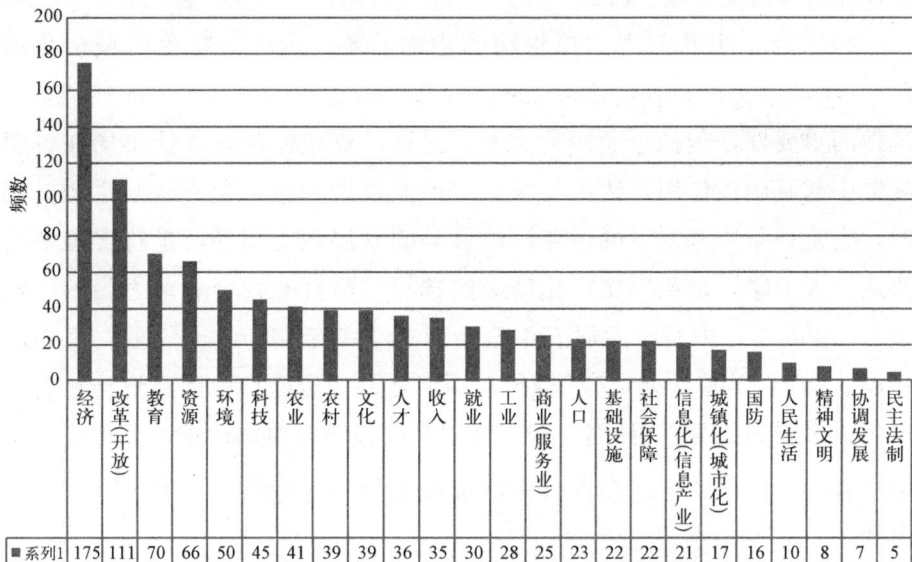

	经济	改革(开放)	教育	资源	环境	科技	农业	农村	文化	人才	收入	就业	工业	商业(服务业)	人口	基础设施	社会保障	信息化(信息产业)	城镇化(城市化)	国防	人民生活	精神文明	协调发展	民主法制
系列1	175	111	70	66	50	45	41	39	39	36	35	30	28	25	23	22	22	21	17	16	10	8	7	5

图 4－11　　"十五"计划政策文本内容关键词频数分析

"十五"计划（2001—2005年）在第二篇"经济结构"中专列一章提出了"实施城镇化战略，促进城乡共同进步"，特别指出转移农村人口是增加农民收入的重要路径。[①] 至此，"城镇化"首次出现在国家的五年计划中，并作为国家战略开始发挥指导作用。而"城镇化"也在2001年首次出现在政府工作报告中，"积极稳妥地推进城镇化"在21世纪第一年便被提出来了。[②] 次年的政府报告，朱镕基继续强调了要"积极稳妥地推进城镇化，促进农村劳动力向非农产业转移"。[③] "十五"计划还高瞻远瞩地对城市的生态发展与人文环境做出了提早规划，指出"人居环境"应该作为城市发展的中心，城市发展应该有自己的特色，特别是历史文脉与地域特色

①　原文为："转移农村人口，有利于农民增收致富，可以为经济发展提供广阔的市场和持久的动力，是优化城乡经济结构，促进国民经济良性循环和社会协调发展的重大措施。随着农业生产力水平的提高和工业化进程的加快，我国推进城镇化的条件已渐成熟，要不失时机地实施城镇化战略。"

②　时任国务院总理朱镕基在报告中指出："发展小城镇，繁荣小城镇经济，积极稳妥地推进城镇化，拓宽农民的就业空间和增收渠道。"参见2001年政府工作报告。 [EB/OL].（2006-02-16）[2015-09-08]. http://www.gov.cn/test/2006-02/16/content_201157.htm.

③　朱镕基. 2002年政府工作报告 [EB/OL].（2006-02-16）[2015-09-08]. http://www.gov.cn/test/2006-02/16/content_201164.htm.

应该保留，避免千城一面。①

　　2002 年，中共十六大报告明确指出，要"走中国特色的城镇化道路"。从城市化机制看，这条道路是以市场为主导的道路，更加强调市场选择的重要性，包括企业经营、人口迁移、资金流动等，让市场在资源配置中起基础性作用，让市场来决定产业发展和城市化方式与进程。同时，它是一条协调发展的道路，以科学的发展观为指导，走符合国情的协调发展道路，是我国城市化的必然选择，是打开社会和谐之门的"钥匙"。2005 年，中共十六届五中全会通过了关于制定"十一五"规划的建议。"计划"首次变成"规划"，一字之差却传递出中国经济与社会发展的诸多强烈信号。"计划"变"规划"凸显政府更加注重发挥市场对资源配置的基础性作用，不再有硬性指标进行微观的控制，更多的是宏观引导。

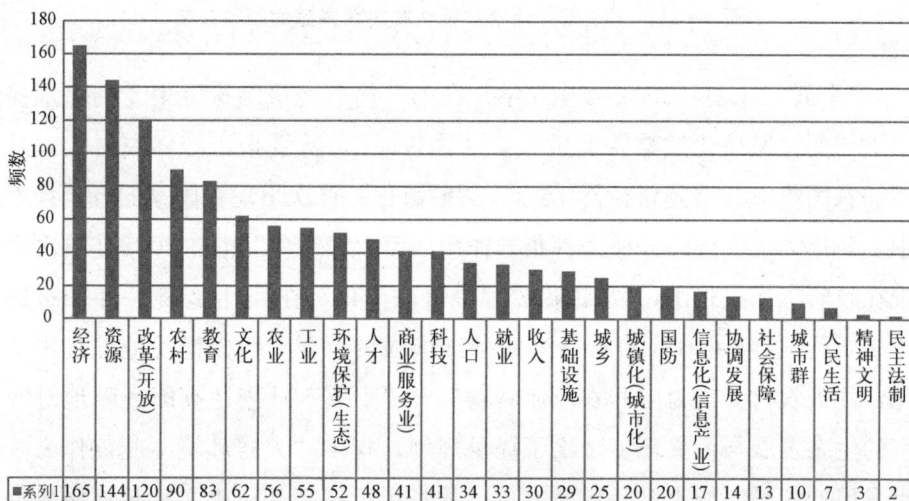

图 4-12　"十一五"规划政策文本内容关键词频数分析

　　2007 年，中共十七大报告将"中国特色城镇化道路"作为"中国特色社会主义道路"的五个基本内容之一。② 中共"十二五"规划建议中明确提出"把城镇化发展战略放在经济结构战略性调整的重要位置上"，"积极

---

① 参见国家"十五"计划纲要。
② 十七大报告明确指出："走中国特色城镇化道路，促进大中小城市和小城镇协调发展。"

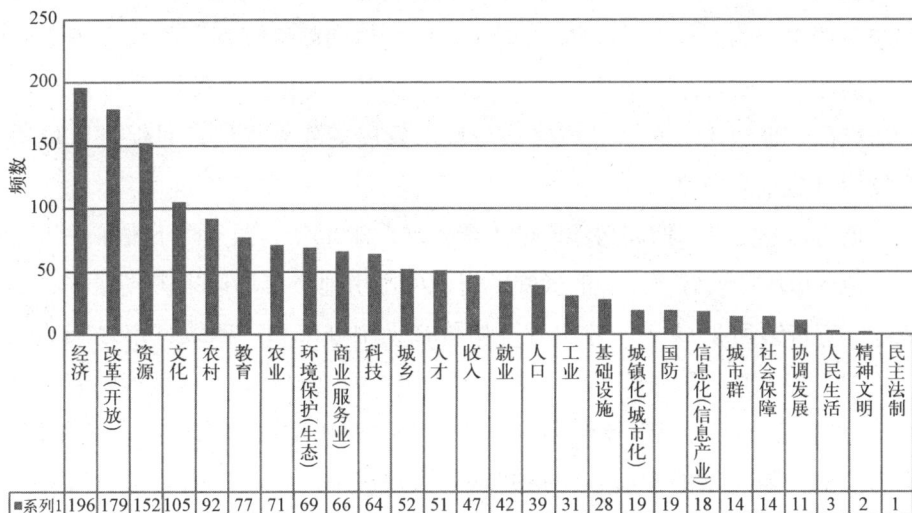

系列1	经济	改革(开放)	资源	文化	农村	教育	农业	环境保护(生态)	商业(服务业)	科技	城乡	人才	收入	就业	人口	工业	基础设施	城镇化(城市化)	国防	信息化(信息产业)	城市群	社会保障	协调发展	人民生活	精神文明	民主法制
	196	179	152	105	92	77	71	69	66	64	52	51	47	42	39	31	28	19	19	18	14	14	11	3	2	1

图 4-13　"十二五"规划政策文本内容关键词频数分析

稳妥推进城镇化，坚持走中国特色城镇化道路"。[①]

通过调整农村经济政策，使农村产业结构发生了很大变化。但是问题也很多，土地制度、户籍制度等导致了城乡二元结构的固化，产生众多的社会问题。但是，中共十八大，十八届三中全会和四中全会也逐渐开始了更为全面深化的改革，以此解决土地、户籍等问题，促进土地市场化，加快人口的流动。相信后续的全面深化改革将为城镇化释放更大的潜力，促进中国经济持续高速发展。

这一时期，城市化政策表现出的特点是全面服务经济建设。从结果来看，1997—2012 年，城市化水平提高更快，到 2012 年底，我国城市数量

图 4-14　1996—2013 年城市化政策的内容、模式与结果

---

① 参见 2010 年 10 月中共中央关于"十二五"规划的建议。

已达到 658 个,[①] 城市化率达到 52.57%。但是，区域与城乡发展不平衡的问题很严重。为此，2011 年颁布的《全国主体功能区规划》根据全国不同区域的环境、资源承载能力，以及人口、经济、文化的集聚性，划分为 21 个功能区，形成指导全国区域经济与城市发展的战略格局，对促进区域协调发展具有重要意义。

值得研究的是，期间房地产的火爆发展。2003 年，国务院下发了关于促进房地产市场持续健康发展的通知，自此中国房地产市场迎来突飞猛进的发展，一直持续到 2014 年，才出现了房价在大中城市和三四线城市之间的分化。2007 年 8 月，国务院出台《关于解决城市低收入家庭住房困难的若干意见》，将调控方向由调市场转向调保障，首次明确廉租房取代经济适用房，作为住房保障体系的中心，但这并未对火热房地产市场产生动摇。这其中直观反映的是需求旺盛；而背后，城市化是创造需求的重要动力。

第三节　中共十八大后提出新型城镇化战略

改革开放后，在"以经济建设为中心"的指导下，中国步入高速发展阶段，但是也忽视了环境等问题。长远看，必须实行可持续发展。所以，适时进行改革，调整经济结构，转变经济发展方式，被提上日程。

一、从"传统城市化"到"新型城镇化"

新中国成立后前 30 年走的是一条"政治型城市化"道路，政治需要是城市建设的主要诉求，以"计划经济"和"户籍制度"为代表，城市人口增长和城市基础设施建设，主要不是出于城市化的基本规律和内在需要。改革开放后的 30 多年可以看作是一条"经济型城市化"道路,[②] 在经历了

---

① 国家统计局城市社会经济调查司. 中国城市统计年鉴 2013 [M]. 北京：中国统计出版社，2013.
② 根据刘士林《城市中国之道》的相关论述，十八大以后，我国进入"文化型城市化"阶段。

城市经济体制改革，以及全面的经济建设后，中国的城市化以骄人的成绩展示于世界。高速度的城市化有着历史合理性，"发展才是硬道理"说明了经济建设在过去很长一段时间里是必须坚持的工作重心；但是出现的问题不能回避，其最突出的问题是"城市大跃进"和"城市病"。[①] 不管是"政治型城市化"还是"经济型城市化"，其实都应划归"传统城市化"的范畴。

当前，我国在传统城市化过程中遇到的特大城市迅速膨胀导致的"城市病"问题、土地财政问题、城镇化建设融资问题、"三个1亿人"的问题、贫富差距问题，都十分严重而迫切，而且区域差距中间又内含一个城乡差距，非常特殊。所以，中共十八大之后提出建设"新型城镇化"，可谓极具历史意义。

2012年11月，中共十八大报告提出"四化同步"；[②] 2013年3月，政府工作报告贯彻十八大精神，明确提出了今后城镇化的方针政策，特别指出要"加快推进户籍制度、社会管理体制和相关制度改革，为人们自由迁徙、安居乐业创造公平的制度环境"，为农业转移人口市民化创造制度条件。

中共十八大确立了"四化同步"的发展思想。"四化同步"的本质是"四化"互动，是一个整体系统。就"四化"中的"城镇化"而言，城镇化可以极大地为工业化、信息化和农业现代化创造需求，城镇化可以带动农业现代化，而工业化、信息化、农业现代化又可以极大地支撑城镇化。

2013年11月，中共十八届三中全会召开。历届三中全会都会主动寻求改革，十八届三中全会作为新一代集体领导人执政后的首次施政路线展示，改革之意甚浓，全会通过了《关于全面深化改革若干重大问题的决定》，掀起了十一届三中全会后的新一轮改革浪潮，是对改革成果的深化和扩大化，对中国正在面临的重大和紧迫问题作出的系统改革部署，内容涉及经济体制、政治体制、文化体制、社会体制、生态文明体制，举世瞩

---

① 刘士林. 文化城市与中国城市发展方式转型及创新 [J]. 上海交通大学学报（哲学社会科学版），2010，18（3）：5-13.

② "坚持走中国特色新型工业化、信息化、城镇化、农业现代化道路，推动信息化和工业化深度融合、工业化和城镇化良性互动、城镇化和农业现代化相互协调，促进工业化、信息化、城镇化、农业现代化同步发展。"

目。在城镇化方面，提出要"健全城乡发展一体化体制机制""推进以人为核心的城镇化"。[①] 再次重申并深化了中共十八大的城镇化战略。

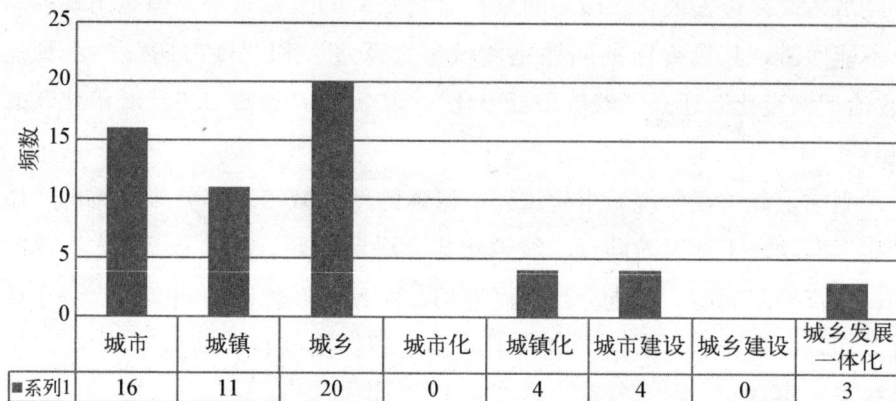

图 4‑15 中共十八届三中全会公报本研究关键词统计分析

中国的新型城镇化是全球规模最大、影响最大，也是难度最大的一个城镇化，没有先例可循，既有自身特殊性，但是也有西方城市发展的共性问题。习近平总书记在 2013 年 12 月中央经济工作会议上指出，城镇化是我国现代化的历史任务，也是发展经济的潜力所在，要因势利导，趋利避害。2013 年 12 月，举国瞩目的中央城镇化工作会议首次召开，而后，自上而下的城镇化相关政策迅速在全国运行开来。[②] "人的城镇化"成为各项任务的核心。

2014 年 3 月《国家新型城镇化规划（2014—2020 年）》（简称《规划》）发布并实施，国家新型城镇化规划涉及的问题非常广泛，共 31 章，是很长一段时期全国城镇化的指导性文件。新型城镇化战略的提出，最根本的使命是终结"传统城市化"，而最紧迫的任务是如何处理"经济型城市化"的后遗症。这个规划具有很强的针对性：一是针对改革开放以来的"经济型城市化"发展模式；二是针对前一段时期以"土地城镇化"为基

---

① 中共中央关于全面深化改革若干重大问题的决定 [EB/OL]. （2013‑11‑15）［2015‑09‑01］.http://news.xinhuanet.com/politics/2013‑11/15/c_118164235.htm.

② 会议提出要"紧紧围绕提高城镇化发展质量，稳步提高户籍人口城镇化水平""要以人为本，推进以人为核心的城镇化，提高城镇人口素质和居民生活质量，把促进有能力在城镇稳定就业和生活的常住人口有序实现市民化作为首要任务""要传承文化，发展有历史记忆、地域特色、民族特点的美丽城镇。"

本特征的"城市大跃进"问题，如何"提高城镇建设水平""优化城镇化布局和形态"。该规划对城镇化发展面临的新趋势新特点、风险挑战以及应对措施都给出了很好的阐释与指导。综览这个规划，可明显感受到其更加接地气、更加务实、更加自信。在笔者看来，本规划更集中且延续性地体现了国家不断深化改革的意志与思维，是对中共十八届三中全会以来改革呼声的积极回应。①

首先，《规划》用新的思维与方法来破解之前城镇化只重速度不重质量的问题，以"人的城镇化"为规划核心，对之前城镇化过程中的粗放式路径进行修正。比如，《规划》指出："有序推进农业转移人口市民化，稳步推进城镇基本公共服务常住人口全覆盖"；"努力实现 1 亿左右农业转移人口和其他常住人口在城镇落户。"先前严厉的户籍制度使经济转型发展、提高城镇化率这些目标受到限制，而本次规划正要改变之前城镇化中只重物不重人的现象，这意味着新的城镇化将重视农民与进城务工人员的利益，通过收入分配体制、户籍制度、土地制度、中央和地方财税体制、异地高考、养老统筹等方面的制度改革，来实现农民变市民过程中公共服务的均等化，解决城镇化中以人为本的问题。这些都是过去城镇化膨胀式发展留下的症结，也是各方智库不断为之建言的要点。②

其次，《规划》将新型城镇化作为最大内需潜力，以扩大内需为中国经济前行的新引擎，这亦可以理解为将改革作为最大红利。过去 10 年，政府高强度的投资对经济的提振作用至今褒贬不一，但有一点是肯定的，外部刺激已很难使经济可持续性地健康发展。这轮新型城镇化不是新一轮的大跃进式投资，《规划》的关键是要提高城镇化质量，目的是造福百姓和富裕农民，要走集约、节能、生态的新路子，着力提高内在承载力。这就表明这轮城镇化将是内涵式的扩张，而非之前那种土地城镇化远快过人口城镇化的大面积圈地、高强度投资、快速造城的路径。通过新型城镇化建设扩大内需，扩大服务业和消费的比重，对推动经济增长模式转型有重要作用。③

① 张书成. 新型城镇化规划体现国家改革意志 [J]. 中国建设信息，2014 (15)：64 - 65.
② 张书成. 新型城镇化规划体现国家改革意志 [J]. 中国建设信息，2014 (15)：64 - 65.
③ 张书成. 新型城镇化规划体现国家改革意志 [J]. 中国建设信息，2014 (15)：64 - 65.

再次，《规划》对政府与市场在新型城镇化建设中的辩证作用予以明确。作为发展中的社会主义国家，中国在过去或者将来相当长的时间内都采取一种赶超的发展模式，这决定了中国城市发展须实施政府主导型模式。改革开放后我们见证了政府主导城市化所取得的光辉业绩，但光环背后亦有对市场压制造成的诸多矛盾。政府应该做什么，如何做，这类话题正受到各方面越来越多的重视。《规划》对政府在城镇化中应该担当的作用的认识更加科学辩证。比如，《规划》在指导思想中指出：应坚持"市场主导，政府引导"的原则，坚持使市场在资源配置中起决定性作用，但又在最后强调"统筹规划，分类指导"的原则，要切实履行政府制定规划政策、提供公共服务和营造制度环境的重要职责。新型城镇化必然更多地要突出市场配置资源的基础性作用，但政府也必须在其中发挥非常重要的作用，绝不能是纯粹的市场化推动，重点是处理好市场和政府的关系问题。这样的辩证观既不盲从市场派，也不偏信政策派，必会使城镇化成为市场主导、自然发展的过程，成为政府引导、科学发展的过程。①

《规划》所透露出来的改革信号远非上述三点。中共十八届三中全会以后，各领域改革不断深化，可谓步步为营，为世界所瞩目，《规划》的出台正是对这样一种改革浪潮的积极响应。因为城镇化建设在实施中是一个庞大复杂的系统工程，涉及政治、经济、文化、社会诸多方面，千丝万缕，所以该规划的出台，必将在更加务实的层面上将改革全面深入推进。②

二、从"土地城镇化"到"人的城镇化"

中国有着数千年的农业文明史，但我们要承认至今还没有完全理解土地的本质，还没有解决好自己的土地问题。新一届政府提出让"改革红利"更多地落在百姓身上，中共十八届三中全会及之后的中央城镇化工作会议更是绘制了中国城镇化发展的蓝图。通过土地产权制度改革产生的"土地红利"理应让更多的农民享受，进而为目前如火如荼的新型城镇化

---

① 张书成. 新型城镇化规划体现国家改革意志［J］. 中国建设信息，2014（15）：64-65.
② 张书成. 新型城镇化规划体现国家改革意志［J］. 中国建设信息，2014（15）：64-65.

建设贡献一剂良药。新型城镇化要从根本上由"土地城镇化"转到"人的城镇化"，通过土地产权制度改革，让农民分享更多的"土地价差"，从而使农民有足够的资本在城市安居乐业。①

（一）城镇化中的土地产权制度问题事关全局

即便纵览中国土地改革历史，土地制度问题也很难因此而清晰。从抗日战争、解放战争时期不同的土地革命政策，到新中国的土地公有制改革，再到改革开放的家庭联产责任承包制，土地属于生产资料，为集体所有。毋庸置疑，土地问题在根本上关系国家的政治经济体制，但社会发展所需，我们仍有很大的进步空间。

2004 年中共中央、国务院颁发一号文件《中共中央、国务院关于促进农民增收若干政策的意见》中明确提出，必须推进中国征地制度改革，确实保护农民利益。中共十八大报告中提出，"改革征地制度，提高农民在土地增值收益中的分配比例"，征地制度改革内容首次写进中共党员代表大会报告。中央城镇化工作会议则指出："按照守住底线、试点先行的原则稳步推进土地制度改革。"这一系列的会议精神都表明土地改革势在必行。② 当然，改革需要循序渐进，土地问题的解决才刚刚开始。

关于农地转用和征地补偿，中央政府和地方之间存在目标上的冲突，其中的利益博弈从未停止。经济学家张曙光指出："从成本收益来看，在这个过程中，农村集体和农民是净损失者，地方政府是净得益者。中央政府是有得有失，有可能是得不偿失。"地方政府的土地溢价主要来自征地与售地过程中的巨大差价，征地按农产品补偿，拍卖按工业或者住宅价格定价，土地改变性质后由企业或者开发商按照市场进行定价，根据不同的地块，可以以每亩几十万元、上百万元甚至上千万元的价格成交，集体土地征收的补偿明显偏低。中共中央党校研究室专家指出，"改革开放以来，通过低价征用制度，从农民手中转移的利益大约有 15 万亿元人民币，而卖地补偿给农民的不到其中的 5%"。经济学家吴敬琏在 2013 年中国发展高

① 张书成. 新型城镇化建设需合理分配土地价差 [J]. 中国建设信息，2014 (5)：58 - 59.
② 张书成. 新型城镇化建设需合理分配土地价差 [J]. 中国建设信息，2014 (5)：58 - 59.

层论坛上的估算更是天文数字，以赚取土地价差推动的旧型城镇化造成诸多问题，"过去几十年来，在这一造城运动中的土地价差保守估计在 30 万亿元左右"。可以说，过去中国城市的快速发展在很大程度上也得益于这种"剪刀差"式的模式。这不禁让人惊叹，更让人困惑。①

国家规定，依法、自愿、有偿是土地流转的基本原则。实践中有些地方并未遵循这些原则，出现违背农民自身意愿、强制性流转土地的情况。这既要归咎于现行土地制度，也是由于政府问责制度建设滞后。

土地财政有利有弊，需要严加规范。政府买卖土地的好处是明显的。第一个好处是，增加了城镇化的建设用地，从而满足了更多的住房需求，但房价之痛须缓解。政府卖地的第二个好处是，明晰了土地产权，提高了土地的利用价值。不过，土地财政的弊端也同样明显。首先，由于土地能卖出高价，而且法治建设落后，产权保护脆弱，征地容易引起群体性事件。其次，地方政府为了巩固其卖地收入，有可能阻碍土地产权制度改革的推进。②

土地财政制度是造成土地价差的弊端之源。它有三根支柱：一是中央政府对农地转用的行政管制和计划控制；二是地方政府以各种方式加速农地征用和过度扩张城市；三是农村集体和农民基本上被排除在农地转用之外。有研究者指出，中国城乡户口制度和土地制度的目的，恰恰是阻止土地和人口的自由流动。在这样的制度安排下，我们的"三农"问题日益恶化，城乡壁垒越发森严，二元结构难以破解是很自然的结果。市场经济过渡要求所有的要素自由流动，而二元化的户口制度和土地制度却严重阻挠人口和土地的自由流动，阻碍收入的平均化和城乡鸿沟的弥合。③

土地政策改革不充分，土地确权不完整是问题症结所在。农业现代化的滞后，原因错综复杂，既有农业比较效益偏低的因素，也有农业生产艰苦、自然灾害困扰的因素。但是，有一个不可忽视的重要原因，就是农村土地权属不清晰，农民对农村土地没有归属感，农业对年轻农民缺乏吸引力。国家有关部门一直在推进农村土地确权，并就开展农村土地承包经营权登记试点工作制发多个文件。2011 年 2 月下发《关于开展农村土地承包

①　张书成. 新型城镇化建设需合理分配土地价差 [J]. 中国建设信息，2014（5）：58 - 59.
②　张书成. 新型城镇化建设需合理分配土地价差 [J]. 中国建设信息，2014（5）：58 - 59.
③　张书成. 新型城镇化建设需合理分配土地价差 [J]. 中国建设信息，2014（5）：58 - 59.

经营权登记试点工作的意见》，提出要开展土地承包经营权登记试点，依法赋予和保障农民的承包经营权。2011 年 5 月国土资源部（现自然资源部）、财政部、农业部（现农业农村部）再次发出《关于加快推进集体土地确权登记发证工作的通知》，提出确认农村集体、农民与土地长期稳定的产权关系，将农民与土地物权紧密联系起来，可以进一步激发农民保护耕地、节约用地的积极性。这些文件无疑都是十分正确的，但有两个不足：一是农村土地是一个大政策，仅靠中央相关部门发文，行政执行力不够。实际上，土地确权工作的推进并不理想。二是土地确权政策不彻底，没有明确要求把农村承包地的经营权直接交到广大农民手中。①

（二）人口户籍是"人的城镇化"必须解决的问题

中共十八大之后，中国特色的城市化道路开始更多地关注人的生存与发展。虽然现在各地都对劳动力流动仍有限制，但是户籍已从严格限制，到逐渐放开。2013 年，《关于深化经济体制改革重点工作的意见》中提出，要"根据城市综合承载能力和转移人口情况，分类推进户籍制度改革，统筹推进相关公共服务、社会保障制度改革，有序推进农业转移人口市民化"。中共十八届三中全会也提出了"农业转移人口市民化"的户籍制度改革方案。② 2014 年 7 月，最终形成了《关于进一步推进户籍制度改革的意见》，把以人为核心的城镇化道路，落实到政府工作的政策措施当中。

《国家新型城镇化规划（2014—2020 年）》提出了三大任务：一是进城务工人员问题。放宽户籍管理制度，市民化后户籍名称可以解决了，但是城市有没有足够的产业、就业、住房来支撑，就是问题了。没有就业，那农民进城就是极其不稳定的因素。所以我们现在讲以人为本，就是讲的如何解决已经进城务工的农民工的问题，解决他们差别化的落户问题和社会保障问题，相对来说他们的问题更加棘手。现在就是要完全放开小城

---

① 张书成. 新型城镇化建设需合理分配土地价差 [J]. 中国建设信息，2014 (5)：58 - 59.
② 原文为："逐步把符合条件的农业转移人口转为城镇居民。创新人口管理，加快户籍制度改革，全面放开建制镇和小城市落户限制，有序放开中等城市落户限制，合理确定大城市落户条件，严格控制特大城市人口规模。稳步推进城镇基本公共服务常住人口全覆盖，把进城落户农民完全纳入城镇住房和社会保障体系，在农村参加的养老保险和医疗保险规范接入城镇社保体系。建立财政转移支付同农业转移人口市民化挂钩机制，从严合理供给城市建设用地，提高城市土地利用率。"

镇，有序放开中等城市，还有大城市。大城市的问题，是产业支撑不足以支撑人口，再就是管理机制的问题。二是要缩小差距，实现公共服务的均等化。新型城镇化是实现区域协调发展的有力支撑，是实现公共服务均等化的有力武器。我国的贫富差距除了区域差距还有一个更大的差距就是城乡差距。在中国解决区域差距大、城乡差距大是一个宏大的历史命题！《国家新型城镇化规划（2014—2020 年）》要求城乡统筹，不能再牺牲农民的利益。三是如何因地制宜，发挥比较优势。所谓的因地制宜要多依靠市场和地方政府。解决这些问题的手段是不一样的。一是要处理好政府和市场的关系。市场在缩小差距上是靠不住的，必须靠政府。市场的特点就是趋利避害，集聚有利于自身发展的优势，而不管差距是否存在甚至被拉大，这是市场的本性。要实现缩小差距，解决公共服务均等化不能靠市场，要靠宏观调控。二是经济生活同样具有多样化，在中国这样一个幅员辽阔的国家，各个地区不能走同一条道路，要因地制宜，寻找自己的道路，所以没有标准道路，不能统一安排，一刀切。

（三）人文城市成为城市发展的热点与趋势

《国家新型城镇化规划（2014—2020 年）》中"注重人文城市建设""脱颖而出"，成为各地城市建设重要的政策参考。城市化在很大程度上是生活方式的转变，它强调的是社会、心理和行为因素。有学者指出："城市化的本质是指随着经济的不断发展，人们生产方式、生活方式和行为方式向城市生活转化的过程。"可见，城市化是一个总体进程，除了经济现代化，还离不开人的观念意识的转化。在经历了"政治型城市化""经济型城市化"后，文化城市给我们建设新型城镇化提供了重要的方向与理论参考。

中共十八届五中全会讨论通过的《关于"十三五"规划的建议》[①] 提出"人民主体地位""深化改革""依法治国"等原则，以及对"人民生活水平质量""国民素质和社会文明程度""生态环境质量"等目标作出具体

---

　　① 全称为《中共中央关于制定国民经济和社会发展第十三个五年规划的建议》，2015 年 10 月 29 日中国共产党第十八届中央委员会第五次全体会议通过。

要求，特别要求"各方面制度更加成熟更加定型"让人期待。同时以"城市"关键词，建议中共出现 33 次，涉及"城市群""绿色城市""智慧城市""森林城市""创新型城市""城市支持农村""城市化格局""中小城市""城市病""城市落户""城市规划"等。① 综观全局，对城市化、城镇化而言，新的五年规划最重要的是建立起固定完善的制度，让十八大以后的成果能够在制度的框架下长久稳定地运行下去。中共十八大以后，我们在城市化、城镇化的道路上取得了一系列的成就，但是，政策长久贯彻实施比较难，所以就需要有一个更加坚固的制度框架来约束政策的贯彻实施，这比制定具体策略更为重要。

本 章 小 结

本章是全书的两大核心部分之一，以内容分析法为基础，探讨了中国现代城市化政策内涵的演化进程，也就是弄清楚了城市化政策的主要内容经历了一个什么样的转变。这个转变可以归纳为：从改革开放前服务工业化建设与系列政治运动，到改革开放后进行经济体制改革和全面的经济建设，再到以中共十八大为起点的以人为本的新型城镇化战略。这样的政策演变给我们归纳出一幅从政治，到经济，再到社会、制度和人的政策内涵路线图。这些基于历史的实证分析也为中国特色政治经济学理论的建立提供了支持。

同时，通过本章的内容分析，我们也可以对政策调整造成的城市化结果有一个宏观把握。从城市化的区域发展视角来看，在新中国成立后到改革开放之前，区域发展整体上呈现"平衡发展"的态势，这个"平衡"并不是手段的平衡，而是结果的平衡。中华人民共和国成立初期，我国大约 80％的生产力与国民财富都集中在东部沿海地区，而在接下来的国民经济恢复与发展阶段，特别是"五年计划"实施过程中，国家通过行政命令与计划经济的手段进行布局调控，大范围地向中西部转移生产力、产业资

---

① 参见《中共中央关于制定国民经济和社会发展第十三个五年规划的建议》。

源，甚至强行进行人力的派遣转移。改革开放之前，通过行政命令布局，使内地①的生产力占到全国的一般，在这个过程中，我们使用的手段是"不平衡"的，是调控式的，但导致的结果是平衡的。现在来看该时期的政策有着当时的必然性与合理性，但不可避免产生一些弊端。中华人民共和国成立之初市场的因素是很小的，计划是主导，所以靠计划在很多不具备条件的地方布局了很多重大项目，导致生产效率受到极大限制。所以改革开放之前，生产布局虽均衡但是效率极低。

改革开放后，中国城市化展现两个特点，即前期不平衡和后期协调发展。前期从1978到90年代中期，这段时期计划经济体制向市场经济体制转型。邓小平提出"两个大局"的战略，即让一部分先富起来，先富带动后富；优先发展沿海，使中国经济向国际水平靠拢。这就是城市化的非平衡发展，鼓励沿海地区先发展。实施沿海地区开放和特区战略，这个时期沿海地区带动战略使中国的国民经济发展速度和总量都极大提升，带来的效果是激发了生产效率的提高，但导致了地区差距拉大。虽然结果不平衡，但所用的市场经济手段可以说是一种"平衡"的手段。这个时期是计划和市场两个手段在起作用，它激发了社会生产效率的提高，但是弊端是地区差距更加拉大。到80年代中后期，发达地区与欠发达地区已经超过了人们可以承受的程度，所以后面开始反思。

后期从20世纪90年代中后期到现在，实施的是区域协调发展战略。1999年西部大开发、2003年振兴东北老工业基地、2006年中部崛起战略，这些都是城市化进程中的大事件，现在实施的是各有侧重的区域协调发展战略。从"九五"计划第一次出现"协调发展"的说法，到"十二五"规划提出要"区域良性互动发展"，国家希望在手段和结果上都能达到一种协调的良性态势，避免区域和城乡差距进一步拉大。

---

① 以前是划分为"沿海"和"内地"，参见1982年《国家计委、国家统计局关于沿海和内地划分问题的通知》。

第五章

中国城市化政策的评价
机制与要素研究

　　通过内容分析，我们基本了解了中国现代城市化政策的演化进程，那这样的政策演化应该如何判断与评价？本章名为评价研究，实为对城市化政策的演化总结与趋势预判。这包含两方面的内容：一是研究城市政策运行的动力因素，探索城市化政策的评价机制；二是通过经验、结果来评价政策得失，总结经验，研判未来政策理念与走势。政策评价对于促进政策更加有效率地运行有重要作用，有助于检验政策实践是否符合我们最初的目标与正确的价值取向。

第一节　城市化政策的评价机理

一、政府目标决定城市发展的路径与结果

　　实践中，政府的推动力对城市化进程的影响是多方面的，这种影响在某种程度上具有决定性作用。纵观新中国成立以来的城市化进程，在城市建设与发展过程中，中共中央和国务院首先通过国家的顶层设计，对城市发展的战略作出宏观层面指引，然后各个部门与各级地方政府通过贯彻落实国家顶层的大政方针，制定并执行具体的有针对性的公共政策。其间，农村剩余劳动力到城市进行"工业就业"，城市人口在特殊历史时期被缩

减，城市与农村不同的土地权属与使用模式，不同时期进行不同的城市布局、数量、结构调整，各个区域开发战略，根据国家需要调整户籍制度，以及社会保险的历史调整，等等，这些都是中央政府在城市化进程中发挥调控作用的表现。其中，尤以城市空间调整和人口迁移最为明显。以人口迁移为例，政府对人口迁移的调控作用远比经济调控发挥的作用大，市场调控往往受限于政策指示，依附于户籍政策的社保政策成为劳动力自由流动的障碍。

具体而言，政府在城市化中调控指导主要是通过各类行政目标实现的。对于城市化目标的设定，首先离不开计划的指导，这个计划既包括中长期规划，也包括年度计划，即在年初对全年的城市发展宏观指标提出计划值。这些指标主要有：城市化水平指标，包括人口城市化率、城市规模等；城市经济发展指标，包括城市经济总量、财政收入、三大产业结构、进出口总额、利用外资总额、社会消费品零售总额以及相应的人均指标、城镇居民可支配收入等；城市社会发展指标，包括城市人口就业率、每万人拥有医生数、人均教育事业费用支出、每万人拥有专业技术人数等；城市基础设施发展指标，包括人均年用电量、公路客货运量、人均邮电业务总量等；城市环境发展指标，包括城市污水处理率和人均公共绿地面积；等等。

这些指标的计划，在 1998 年以前是被作为控制指标或约束性指标，1999 年开始作为预测指标或预期性指标，是政府的意愿值。在目前的地方考核机制激励下，从年底完成的统计数据来看，大部分的指标往往比计划值要高。这样的计划指导，既区别于改革以前的计划经济模式，又不同于西方的市场经济模式，对于提高城市化水平和质量，有着一定的积极意义。

但是，计划与指标缺乏灵活性，如果计划的制定缺乏科学判断，则会直接导致实践的失误，给国民经济与社会发展造成系统性损失。当前，在全面落实科学发展观与全面深化改革的时代背景下，城市化对政府的功能定位也同样提出了新的要求。城市化进程中的政府该如何定位、如何作为，已经成为一个迫切需要思考的重大理论和现实问题。

二、城市化政策的评价目标与原则

本研究关于政策评价的目标可以表述为：以现有城市化、城镇化相关政策文件为对象，在对现有政策文本进行内容分析的基础上，借鉴西方政策评价方法，以符合中国国情的、通用性的政策评价规范对政策进行评价，为国家对城市建设和发展进行宏观调控提供依据和参考。笔者认为，政策评价应遵循如下原则：

（一）以基础理论创新指导方法论

当前，城市化相关政策的评价由于缺乏基础理论研究，特别是在基本概念、研究对象和价值理念上比较混乱，所以在指标体系设置等方面普遍存在着简单化、片面化等问题。其中最突出的是，受改革开放以来我国经济型城市化模式影响，相关指标设计上主要是经济指标，其他如生态环境、社会发展、人文建设等没有得到足够重视，甚至缺失。在实践中，经济优先成为政策实施的主导思想，社会发展、人文关怀让位于经济发展，成为我国城市发展规模、结构与功能出现不平衡、不充分的主要原因之一。

基础理论研究的首要任务是确定城市发展的理想形态及科学评估的主要内容。本研究依据中共十八大报告把中国特色社会主义建设的总体布局确定为经济、政治、文化、社会、生态文明"五位一体"的战略部署，以经济、社会、环境、文化要素作为城市化政策评价的主要内容，突破传统以经济指标为中心的评价模型，建构相关度强、显示度高、具有重大现实意义的评价要素体系，为科学评价我国城市化相关政策提供理论参照。

（二）以现实问题与战略需要为主导建立评价标准

评价指标体系的主要任务除了评价之外，还具有对现实需要的指导作用。本研究将在对新中国城市化政策演化进程研究的基础上，探索其共性规律和突出特征，结合城市发展政策的内在要求及国民经济和社会发展的现实需要，形成兼具普适性与中国特色的城市化政策评价标准，为指引我国今后的城市化进程提供可参考的指导规范。

（三）坚持评估"质"和"量"的平衡

对我国城市化相关政策进行评价，一方面要明确哪些因素应从定性的角度进行评价和描述，包括城市发展的价值导向、发展理念，特别是政策制定的初心；另一方面要明确哪些应使用数据进行判断，包括建立健全完整、科学的评价参数和指标体系，制定优化的政策评价论证机制。总体而言，相关政策评价应该以定性、定量相结合的方法，紧扣规划重点和要解决的重大问题。

三、城市化政策运行的影响因素

新中国成立以来，城市化从震荡停滞到膨胀式发展，政策内容从政治主导到服务于经济建设，从"土地城镇化"到"人的城镇化"，了解这一系列政策转变所遵从的动力机制对于我们客观地进行政策评价，以及科学地制定未来的城市发展理念意义重大。

政策研究最终要追根溯源到政治、经济、社会、文化研究，因为政策只是结果与表象，影响政策制定、出台、实施的是其背后的政治、经济、社会、文化等因素，它们决定着政策的方向和内容，是政策运行的根本动力。城市化过程中，每个城市都会遇到基础设施建设、人口迁移、生态环境等问题，这些都是城市化进程中的普遍现象，解决这些城市发展中的问题需要政府制定城市政策。合理的城市政策能促使城市健康可持续发展，基础设施的建设和完善为城市规模的扩张提供前提条件，人口政策的正确制定可以促使城市经济结构合理，良好的生态环境可以吸引人口聚集，经济实力则决定了城市是否有能力持续发展。城市化政策运行的动力机制主要讨论政策发生变化的影响因素，比如政治、经济、社会、文化、自然、国际环境等因素，也包括一些重要的事件性原因或者转折，或者大环境变化。基于对中国现代城市化政策演化进程的内容分析，笔者认为有以下因素需重点关注：

（一）全球政治经济形势

新中国成立初期的城市建设与发展政策虽然不是直接由国际政治经济形势决定，但间接地受其影响。改革开放后，经济全球化与国际劳动分工体系的变化，成为东部沿海城市发展政策制定的直接参考因素，各级城市的总体规划、产业发展规划等都要对国家经济环境与格局进行分析、借鉴，以外贸加工、出口为支柱产业的城市，其产业发展规划、定位更是要紧密关注最新的国际政治经济形势。当前，北京和上海分别提出了建设"世界城市"和"全球城市"的战略，城市定位的明晰化就是基于全球城市体系网络的形成。"20 世纪 60 年代至今的半个多世纪，各国经济在全球范围内迎来第二次世界大战结束后的飞速发展，很多发展中国家也在此期间实现了跨越式的突破。随着经济全球化浪潮的澎湃推进，城市作为跨国公司的驻扎地在经济全球化中所扮演着日益重要的角色，各国城市间的经济联系开始影响甚至决定全球经济的局势，同时涌现出一批在空间上跨越国家地理界线、在全球经济局势中发挥指挥和控制作用的节点性城市，即世界城市（World City）。"① 弗里德曼（J. Friedman）② 从国际分工的角度认为，新的国际劳动分工和经济全球化导致世界城市的产生与发展，它们是全球经济系统的神经中枢或组织节点，弗里德曼特别指出世界城市在很大程度上能够"指挥"和"控制"世界经济。③ 萨森（Sassen）④ 认为全球城市基本特征须包含如下几方面："高度集中的世界经济控制中心""金融和服务业的主要所在地""主导产业的生产场所""产品和创新的主要市场"。⑤ 进入 21 世纪，世界城市的演变机制研究开始在更大范围内聚焦发展中国家，或者说新兴市场，特别是国际金融危机使世界城市的网络体系发生重大调整，传统的权力架构受到挑战，中等世界城市的成长令世人瞩目。随着新兴市场的世界城市成为全球经济重要引擎，它们对世界的影响力日渐扩大。从大的区域格局来看，亚太地区城市地位迅速提升，特别是中国的大城市，这成为国际城市力量对比变化的一大趋势。在全球金融危机的冲击下，为应对现实挑战，提升综合实力，西方发达国家与新兴经济

---

① 张书成，汤莉华. 世界城市研究历程与分类体系综述［J］. 江南大学学报，2014，13（2）：72 - 76.

② 弗里德曼（J. Friedman），美国著名城市学家，著有《世界城市假说》（*The World City Hypothesis*）。

③ 谢守红. 西方世界城市理论的发展与启示［J］. 开发研究，2008（1），51 - 54.

④ 萨斯奇亚·萨森（Saskia Sassen），女，生于 1949 年 1 月，美国哥伦比亚大学社会学教授，全球化和城市社会学研究的领军人物。

⑤ S. Sassen, *The Global City: New York*, *London*, *Tokyo*, Princeton University Press, 1991, 41.

体的世界城市都选择将"转型发展"作为城市发展战略，比如创建"文化大都市""创意城市"日渐成为备受关注的焦点。[①] 在当前经济全球化的大趋势下，面向全球，面向未来，提升城市能级与核心竞争力，越来越成为城市，特别是一线大城市制定城市发展政策的战略路径。

（二）国民经济与社会发展因素

经济与社会发展既是城市化的目标，同时也反过来制约城市化进程。作为目标，它决定着城市建设与发展的方向与速率，作为制约因素，它是城市进一步发展的基础。以城市的产业发展规划为例，产业结构与城市发展之间存在辩证的互动机制，产业政策需要综合考虑城市周边区域的经济环境；反之，产业结构如果发生变化，会引起城市发展动力机制的变化。国民经济与社会发展情况是政策产生的基础，政策的产生一般有两种模式，即"自下而上"和"自上而下"，城市化政策也不例外。"自下而上"的改革在中国历史上屡见不鲜，这也是影响城市化政策制定的一个重要因素。对于城市化而言，"上"和"下"是指行政区划，"下"主要是指城市化的发动主体来自下级地方政府，甚至是农民。历史上由乡村、农民创造的改革很多，比如20世纪70年代末，中国农村实行的家庭联产承包责任制，极大地解放了农村生产力。并且，当时乡镇企业在苏南等地发端，到1985年时，乡镇企业在全国发展速度已经异常迅猛、乡镇企业的高速发展，使非农产值远远超过农业产值，为小城镇建设奠定了一定的物质基础。这直接促成了20世纪90年代"小城镇，大战略"的国家决策的产生，这样的自下而上的经济与社会改革创新功不可没。

需要特别重视的是，科技创新日渐成为发展的第一动力，中国经济正转变发展方式、优化结构，未来将转向高质量发展阶段，要完成这个转型任务，创新发展是关键。科技创新是城市化进程的关键性影响因素，越来越多的城市将科技创新中心作为城市发展定位和战略，城市经济社会发展、基础设施建设、人民生活质量提升均离不开科技创新。中共十八大提出要"四化

---

① 张书成，汤莉华. 世界城市研究历程与分类体系综述［J］. 江南大学学报，2014，13（2）：72-76.

同步"，其中信息化与新型城镇化之间的同步与互动关系尤为引人关注。

（三）人民的态度与国家高层的重视

人民群众是历史的创造者，民众对政策的呼声是决策者制定政策的重要考量因素，呼声代表了意愿。当前，很多社会矛盾都引起国家的重视，比如户籍制度、医疗制度、教育问题、房地产问题等。人口迁移是推动城市化的动力机制，"农民工（为了防止社会歧视现被称为"进城务工人员"）潮"这一社会现象，使历史遗留下来的城乡二元结构体制更加凸显。可以说，人民的选择与社会态度是中国城市化进程的重要参考因素。城市问题是否能够引起国家重视，然后"自上而下"地进行改革是中国城市化政策运行的重要因素。同时，官员升迁与地方的政绩观等，这很难加以量化研究，但是必须给予考量。

（四）生态环境与自然资源

生态环境与自然资源是城市建设与发展的基础，直接决定着城市的生存与发展，决定着人口的聚散。我国有许多资源型城市，这些城市原先因为煤炭、铁矿、森林等资源丰富而崛起为重要城市，聚集了大量因为资源开发而来的人口，但是资源毕竟是有限的，随着资源的枯竭，城市也逐渐没落，所以探讨资源型城市的转型一直是国家思考的战略问题。2013 年国家颁布了《全国资源型城市可持续发展规划（2013—2020 年）》，确定了 262 个资源型城市，这些城市日后的建设与发展必须处理好生态、资源与发展之间的协调关系。可持续发展观已经深入人心，特别是生态思维在中共十八大以后已经上升至国家的基本国策，更是各级城市建设与发展的控制性规划因素，是城市化的新取向。

第二节　中国城市化政策评价的系统分析

笔者认为，对城市化政策的评价首先需要一个高屋建瓴式的价值评价，系统分析是中国城市化政策评价研究的有效方法。系统分析的研究方法论有三个基本范畴：一是分析政府行为是什么；二是对其价值进行研究，探讨政府的价值取向；三是规范研究，解答政府应该怎么做。系统分析联结行为研究与规范研究，使之形成一条线。系统分析可以用定量论证，也可以定性分析，这里主要是定性的，采用经验研究的方式，回顾性地进行过程评价与结果评价。

一、政策内含的政府行为

　　政策的制定与执行是国家意志的体现，是政府"看得见的手"。纵观中国多年的现代城市化进程，政府调控始终贯穿其中。公共选择理论[①]把市场经济中的理性原则引到政治领域，将政府视为"经济人"来进行分析。政府有着国家和自身的双重利益。从当前的官员考核机制来看，作为政府官员，追求个人升迁的权利与促进当地经济发展是重合的，与"造福一方百姓"的公共利益绑定在一起。所以，创造提升公共利益便成了对个人利益的追求，公共事务的路径与结果往往直接取决于地方政府官员的意愿。

　　但问题是，因为制度建设的滞后，相应的约束机制缺乏，从而造成政府官员的权力过大，致使政府行为会演变为政府领导班子的目标，政府的目标直接影响政策的方向与效率，极容易形成短视行为，造成政府行为的不合理性。所以，在城市化进程中，对某些急于升迁的地方官员，城市建设与发展就会出现短视行为和追求急功近利的粗放型成长路径，具体表现为地方政府官员的考核主要聚焦经济指数，层层下达指标任务，唯经济增长论成败。这样的考核方式会造成官员只管经济，不管其他公共事业，特别是占用财政资源的公共事业会被认为是负担而缩减。虽然这种发展模式是特定历史阶段的要求，一定程度上塑造了中国腾飞的奇迹，但是也积聚了诸多不可回避的问题。

---

　　① 公共选择理论在英文文献里通常称作"公共选择"（public choice），又称新政治经济学或政治学的经济学（economics of politics），是一门介于经济学和政治学之间的新的交叉学科。它以微观经济学的基本假设（尤其是理性人假设）、原理和方法作为分析工具，来研究和刻画政治市场上的主体的行为和政治市场的运行。参见方福前. 当代西方公共选择理论及其三个学派 [J]. 教学与研究，1997（10）：31 - 36.

二、政策反映的价值取向

各种城市公共政策背后反映的政府的价值取向，是对城市经济与社会发展的强烈意愿与认同，是对发展观的践行。政府主动发挥作用是因为国家发展的强烈意愿，以及市场机制可能存在缺陷。市场体系不够健全，致使政府急于干预经济，用"看得见的手"指挥调控、弥补市场机制的缺陷，提高效率，实现跨越式发展。中国城市化进程一直是在政府强有力的推动下行进的，政府的这种综合作用力对城市化产生了直接或间接的影响。可以说，改革开放以来如果没有政府的推动和支持，中国的城市化就没有今天的成就。然而，随着市场经济的逐步发展和成熟，由政府推动的城市化进程也逐渐显现出各种问题，如房价虚高、产城分离等"城市病"。同时，由于制度建设滞后，部分政府官员手中的权力凌驾于市场之上，进而触发道德风险，这都是所谓的"政府失灵"。

对此，在未来的深化政治经济体制改革过程中，必须处理好政府与市场的关系。城市化需要充分发挥市场在资源配置中的决定性作用，主动寻求政府职能的转变，变硬性调控为弹性指导，增强服务意识；在国民经济发展到一定的水平之后，接下来就要考虑城市的社会发展、制度建设和人文发展；在对官员政绩进行考核时，不能一味追求经济效益，而应该多多增加民生与人文指标。城市的发展根本是为了人的幸福生活，人与社会的问题是城市化政策最终极的目标指向，所以任何城市化相关政策的制定都应以此为指向，主动增加人文与社会关怀，在经济发展与人文关怀之间取得平衡。

第三节　中国城市化政策评价的实证分析

一、城市化政策评价的实证方法探索

政策评价的实证分析包含定性评价与定量评价。

定性评价的要素设计应遵循通用性、指导性原则，以现有城市、城镇规划中的通用要素为主要内容，但不局限于当前规划，而从我国城市化进程、城镇化发展需求、和谐社会建设、改革成果由全体人民共享等宏观要求出发，要保证指标体系至少在未来一个时期内的有效性。

定量评价的要素设计应遵循直观性、可测性、综合性原则，以现有城市、城镇规划中的目标性要素为主要内容，兼顾城市运行发展规律、数据统计规律和规划实施效果显现规律等，在保证鉴别力的条件下，要优先选用内涵明确、算法成熟且已广泛使用的指标，提高评估指标体系运作的可操作性，尽量利用已有统计指标，减少额外工作负担，降低评估工作成本。[①] 定量指标同为指导性指标，在开展具体的政策评价时，应根据政策性质和内容要点，在本研究给出的普适性通用指标体系基础上筛选和细化，形成最适合的评价指标体系。评估体系构建要点有以下几方面：

一是区分预期性指标和约束性指标。"十一五"规划纲要首次把指标分为预期性和约束性两种，以期更好体现市场经济条件下规划的定位，分清政府和市场的职责。约束性指标是政府必须完成的，预期性指标应该主要依靠市场的主动性。

二是社会指标以体现社会生活便利性、社会保障广泛性和均等性为主。根据"十二五"规划纲要及其他相关宏观战略规划，当前我国对提高社会发展水平的要求主要体现在以下方面：社会和谐稳定、公共基础设施完备、社会管理和公共服务范围及水平满足人民需要且均等化进一步提高、社会发展成果惠及全体人民。据此，社会性指标的描述和提炼要从上述要求出发，综合考察所采取的措施和所取得的效果。[②]

三是适当增加文化指标。人文城市与城市人文显示的是城市对人的关怀水平，这是城市发展的本质，是城市的最终目标。随着经济的发展，我们日后的城市化相关政策的制定应该弥补以前"以经济建设为中心"、忽略人文关怀而欠下的旧账。

---

① 马娜，刘士林. 区域规划实施效果评估指标体系构建研究 ［J］. 区域经济评论，2015（4）：20-23.
② 马娜，刘士林. 区域规划实施效果评估指标体系构建研究 ［J］. 区域经济评论，2015（4）：20-23.

二、中国城市化政策评价的指标体系研究

新型城镇化建设的主要目标就是提高质量，实现健康发展。所以城市化质量是今后评价城市化政策的主要参考。城市化质量的测定是多指标的测量，一般包括经济、社会、文化、环境等方面，它们综合反映了城市化质量的方方面面。

（一）经济指标

经济发展水平不仅是中国社会主义社会先进性的最终体现，也是衡量城市综合影响力和竞争力的直接标准，更是社会和谐、人民安居的基础保障。因此，经济指标是城市化政策评价的重要方面之一。

在经济层面，从"增长"看，随着经济结构调整和转型升级的不断深化，单纯的经济总量和三大产业总值已无法体现地区经济的综合水平、健康性和可持续性，应从经济结构和发展动力等方面寻找更深层次的表征要素。新型城镇化建设、科学合理的产业布局、不断进步的技术创新等，是实现资源的优化配置、提升要素生产力水平、提高地区国民生产总值的动力。从"协调"看，区域发展平衡性和城乡发展平衡性已成为时代主题。提高区域核心城市的扩散效应，促进各地优势互补，减少城市发展差距，推进城乡一体化发展，解决好"三农"问题，减少城乡矛盾，既是我们建设和谐社会的基本要求，也是提高区域与城市经济竞争力、持续力的基本保障。

在深入研究经济发展理论和分析现有典型性城市建设与发展案例共性和要点的基础上，在经济指标下汇总提炼形成四个二级指标，每个二级指标下设三级指标若干：

（1）区域布局、协调发展。区域发展空间布局是否合理、区域内部功能是否互补协调、核心城市和城市功能带的设计是否落实，对后续具体城市功能的实现和产业的融合发展具有直接影响。鉴于资源和产业的集聚和集约化发展可具体到产业布局和资源利用等部分，此处不再纳入。据此，下设区域 GDP 离散度、区域对外开放指数、区域内流通量占比等三级指

标。其中，区域 GDP 离散度表征区域内城市发展的一体化程度，区域对外开放指数反映区域整体经济环境和经济实力，区域内流通量表征区域内部的互补和联系程度。

（2）城镇发展、城乡统筹。城镇发展与城乡统筹致力于合理推进特大型和大型城市稳步发展、引导中小城市和城镇快速发展、着力改善农村经济，其目标在于完善和提升各类城市功能、优化人口布局、推进城乡一体化水平、提高基础设施和公共服务的均等化水平。鉴于本研究已下设社会指标，因此将基础设施和公共服务能力等的配置纳入社会指标部分，此处二级指标下设城镇化率、县域经济占比、城乡居民收入增速与 GDP 增速比、基础设施城乡一体化率、区域人口密度离散度等三级指标。其中，城镇化率是区域产业结构转变和区域经济进步的潜在体现，县域经济占比、基础设施城乡一体化率和区域人口密度离散度体现了区域城乡统筹水平，城乡居民收入增速与 GDP 增速比体现了城市化经济发展质量和人民生活水平的提高。

（3）产业发展与布局。城市产业发展与布局旨在构建适合城市特点和优势的产业体系、推进产业结构的优化升级。这是对各大产业的重新定位和组合，直接决定了城市的经济发展脉络和走向。本二级指标下设三次产业结构比、服务业增加值占 GDP 比重、高技术制造业增加值占工业增加值比重、产业集聚区增长率、国际品牌增长率三级指标。其中，三次产业结构比是城市产业结构的整体表征，服务业增加值占 GDP 比重和高技术制造业增加值占工业增加值比重体现了城市经济结构的可持续性，产业集聚区增长率和国际品牌增长率体现了城市经济活力和国际竞争力。

（4）科技创新。在重要领域和核心技术方面拥有自主创新能力，是保证城市持续发展后劲的重要前提，此处主要落实在科技创新的资金投入、硬件投入、直接创新成果和实际贡献等方面，下设科技进步贡献率、对外技术依存度、万人发明专利拥有量、研发经费占比、科技创新平台、技术市场合同交易额等三级指标。

以上这些指标，从区域布局、产业布局、城乡布局和自主创新等方面完整实现了对城市经济结构的健康性和内在发展驱动力持久性的问题，在直接反映城市经济综合水平的同时，也能发现其经济发展过程中可能存在的风险和问题。

（二）社会指标

城市是组织生产和人民生活的基本依托，具有突出的社会性。因此，社会性指标是衡量城市化综合水平的关键指标之一。在城市建设与发展实践中，"偏经济、轻社会、弱环境、少人文"的倾向明显。经济发展的根本目的是服务社会建设，因此，城市化相关政策的实施在根本上要体现出社会发展水平的持续提高。

根据社会建设和发展的规律和要求，从硬件建设和软件建设两大方面考察区域社会发展情况，可保证覆盖完整、没有遗漏。其中，硬件方面主要指有形的系统和设施，软件方面主要指无形的资源等。在分析部分区域规划文件和规划评估研究资料后发现，对社会性指标的归类常常与行业分类相类似，如在基础设施部分以交通、水利、能源、信息等分类展开，对社会事业的要求则以教育、卫生、养老等分类展开。这样的归类固然在阐述上较为方便、直观，易于与国民经济行业分类产生对应关系，但也易受所属门类的限制，在细化展开时容易产生以偏概全、考虑不够完整等问题。例如医疗卫生系统建设，既有包括医院网点和病床等基础设施建设要求，也有医生和医疗能力等公共服务提供要求，分属硬件和软件。因此，本研究在三级指标划分时，优先遵照指标的硬件和软件属性来考虑，而不拘泥于指标是否属于同一行业。

在综合考虑国家在推进基础设施建设和城乡一体化，以及对加强和创新社会管理等有关政策和要求的基础上，在社会指标下设两个二级指标，每个二级指标下各设三级指标若干：

（1）基础设施建设与布局。主要从满足支撑区域与城市经济发展、社会稳定、生活和谐的需求出发，考察区域基础设施的均衡性、绝对水平和均等性水平，包括公共交通基础设施、能源和水利基础设施、信息化基础设施等。其中，公共交通基础设施作为本部分的主要考察对象，是基于公共交通基础设施在区域发展过程中的重要基础性地位及其普遍适用性。能源和水利基础设施，应严格从城市自然地理条件和城市发展定位出发予以考虑，并不适用于对所有城市进行硬件方面的评估，因此评估的要点在于城市能源保障能力和供水安全水平。本二级指标下设城市路网密度、铁路营业里程、港口数量、机场数量、城市公共交通网络线网密度等交通基础设施三级指标，供能可靠率、供水水源保证率等能源水利基础设施三级指标，以及信息化发展指数的信息化建设三级指标。

（2）社会事业与公共服务。以基本民生需求为重点，主要关注养老、医疗、教育等公共服务的投入、覆盖率和均等化水平等。本二级指标下设社会保障支出占比、基本社会保险覆盖率、社会安全综合指数、基础教育发展指数、基本医疗卫生服务指数、城乡基本公共服务均等化率三级指标。其中，社会保障支出占比体现城市对社会事业与公共服务的投入；社会安全综合指数综合了社会治安和安全生产等方面，是社会安全的复合性体现；基本社会保险覆盖率、基础教育发展指数和基本医疗卫生服务指数表征各主要公共服务领域的综合发展水平；城乡基本公共服务均等化率主要体现城乡差异。

以上这些指标，具有客观性强、易量化、可比性强的特点，不仅可作为具体城市建设与发展的评估指标，也可用于区域之间社会发展水平的对比参考，其消长还可体现出城市、区域公共服务能力发展中的薄弱环节及改革方向。

（三）文化指标

"偏经济、少人文"是过去我国城市化进程中的一大问题，以经济建设为中心的指导思想导致了城市建设与发展过分重视经济指标，地方城市评比、官员考核更是以经济发展水平为直观的标准，这样以一种"中性政府"的"中国模式"造就了中国经济发展的奇迹，但是对人文发展的忽视直接导致了国家文化软实力上欠缺。特别在当今国际竞争中，文化实力成为重要的参考标准，一个国家的文化形象、价值观等软实力正强有力地反作用于国家经济发展。所以，文化必须在以后的城市建设与发展政策中有一席之地。本书给出的文化指标包含三个二级指标，分别是文化资本、文化魅力、文化创新。

（1）文化资本。文化资本反映城市文化基础设施水平，是城市文化的"硬件"部分，包括：一是文化、体育、娱乐业从业人数（万人），它反映城市文化生产能力，既有文化产业方面的，又有文化事业方面的。需要指出的是，在中共十八届五中全会关于国家"十三五"的建议中，已经不再提"文化事业"，而是称"公共文化服务"，这里既有文化事业的内容，也包含着文化产业；二是公共图书馆总藏量（万册、件），这是客观反映城市居民的图书阅读量与接收图书馆服务频率的指标；三是市民人均文化消费支出比，该数据的优点在于特别能够反映城市的文化消费情况，但是缺点在于比较难以统计，多以官方统计数据为准，需要深化研究。

（2）文化魅力。该指标反映一个城市的文化知名度与美誉度，也是城市对经济、人口的吸引程度，包括：一是年接待游客数量（万人次），"用脚投票"直接反映城市的吸引力；二是地方电视台收视率，该指标除了能够扩大城市的知名度与美誉度外，更是城市价值观输出与吸引城市发展资源的重要渠道。还有世界付费日报发行量前百名数量（家）和全国电视收视市场份额前20的频道个数，这两个指标反映城市的文化吸引力，城市是否开放、兼容并包。

（3）文化创新。该指标反映城市的发展潜力。创新驱动成为城市转型发展的根本战略，没有创新就无法生存。城市中，国家文化产业30强数量反映了一个城市的文化产业实力与发展活力，超级企业越多，则城市的文化越有活力。城市所获国家级奖励数量反映了城市文化企事业单位的文化科研实力，文化方面的科研投入往往与城市的文化综合实力呈正比。

为了保证数据的权威性，便于统计，上述三级指标在选取时多选自政府信息公开的数据。

（四）环境指标

本书给出的环境指标不是环境保护的狭义概念，而是泛化的大环境指标，既包括环境保护，也包括资源节约。环境科学作为一门独立的学科，本身具有很强的综合性，包括污染物减量化、无害化和循环再利用等，是环境保护发展到一定程度的必然选择。促进资源节约利用和生态环境保护已成为我国新型城镇化的必由之路。在区域规划实施时，如果不重视环境指标，势必导致我国已大面积爆发的"城市病"进一步蔓延和升级。在国家行政管理方面，尽管资源节约和环境保护分属发改委和环保部，但在推进资源节约型、环境友好型社会建设的总体战略指导下，在宏观政策和实际推进中，两者还是应形成相互融合、互为促进的良性互动关系。

据此，在"环境"一级指标下，我们分设资源利用、生态环境保护两个二级指标，其下则根据实际情况设三级指标若干：

（1）资源利用。资源利用的重点在于对土地资源的集约高效利用、对传统能源的高效利用和对新能源的开发利用，同时还应充分开展对废弃物的再生和循环利用等。此二级指标下设单位 GDP 能耗、新能源比例、再生资源回收利用率、各产业用地比例差、工业用地产出率等三级指标。

（2）生态环境保护。生态环境保护工作旨在减少终端污染物排放、改善环境质量水平。此处从水、大气、固体废弃物、土地等主要环境载体入手，下设环保支出占比、工业三废处理率、地表水国控断面劣 V 类水质的比例、空气质量达到二级标准以上的比例、人均耕地面积、森林覆盖率等三级指标。

以上这些指标，与国家和各级城市节能环保工作的指导思路和工作思路贴合度较好，易于操作，结果直观，能够体现出城市建设情况和未来的发展重点。下面给出一个指标体系（见表 5-1），供后续研究讨论：

表 5-1　城市建设与发展评估指标体系表

一级指标	二级指标	三　级　指　标
经济	区域布局、协调发展	区域经济生产总值离散度
		区域对外开放指数
		区域内流通量占比
	城镇发展、城乡统筹	城镇化率
		县域经济占比
		城乡居民人均收入增速与 GDP 增速比
		基础设施城乡一体化率
		区域人口密度离散度

续表

一级指标	二级指标	三　级　指　标
经济	产业发展与布局	三次产业结构比
		服务业增加值占 GDP 比重
		高技术制造业增加值占工业增加值比重
		产业集聚区增长率
		国际企业/品牌增长率
	科技创新	科技进步贡献率
		对外技术依存度
		万人发明专利拥有量
		研发经费占 GDP 比重
		企业研发经费占社会研发经费比重
		科技公共服务平台/创新平台增长率
		技术市场合同交易总额
社会	基础设施建设与布局	区域路网密度
		深海：港口数量/泊位数/吞吐能力 内河：高等级航道里程
		铁路营业里程
		机场数量/吞吐量
		城市公共交通网络线网密度
		区域交通圈运行效率
		供能可靠率
		供水水源保证率
		信息化发展指数
	社会事业与公共服务	社会保障支出占 GDP 比重
		基本社会保险覆盖率
		社会安全综合指数
		基础教育发展指数
		基本医疗卫生服务指数
		城乡基本公共服务均等化率

续表

一级指标	二级指标	三级指标
文化	文化资本	文化、体育、娱乐业从业人数（万人）
		公共图书馆总藏量（万册、件）
		市民人均文化消费支出比
	文化魅力	年接待游客数量（万人次）
		地方电视台收视率
		世界付费日报发行量前百名数量（家）
		全国电视收视率市场份额前 20 的频道个数
	文化创新	文化产业 30 强数量
		国家级奖励（三大奖、国家科学技术进步奖）数
环境	资源利用	单位 GDP 能耗
		新能源比例
		再生资源回收利用率
		工业固体废物综合利用率
		工业用水重复利用率
		各产业用地比例差
		工业用地产出率
	生态环境保护	环保支出占 GDP 比重
		工业三废处理率
		城镇生活污水处理率
		城镇生活垃圾无害化处理率
		二氧化硫排放量削减比率
		COD 排放总量
		地表水国控断面劣 V 类水质的比例
		空气质量达到二级标准以上的比例
		人均耕地面积
		城镇人均绿地面积
		森林覆盖率
		自然保护区增长率

第四节　中国城市化政策的得失与
初步总体评价

历史的发展有着其必然性与合理性，我们很难以现在的眼光评判当时政策制定者的初衷，而只能评述历史政策所造成的客观结果，以及尽可能多地罗列当时政策出台所考虑的影响因素。当然，新中国成立以来经济高速发展，城市化突飞猛进也说明政策是符合规律的，但我们也不能回避由于政策不当而产生的诸多问题。基于前面的研究，我们尝试从大范围、多角度来回答政府在城市化进而在经济发展过程中的作用得失。

一、我国城市化政策带来的成就

新中国成立后，特别是改革开放以来，我国城市化政策一再调整，政策多变是我国处于社会主义初级阶段和赶超阶段的一个特点；但政策多变是以发展这个不变的主旨为前提的，经济发展是党和政府的主要诉求，对其他诸如政治和社会事务的考核也多以经济发展水平来检验的，特别是关注 GDP 指标。这种"中性政府"① 是促进经济短时间快速增长，进而推进城市化的关键。这种发展模式引起国际社会的广泛关注与讨论，被形象地称为"中国模式"。这样的评价一方面包含对中国所取得成就的认可；另一方面也包含一定程度的不认可，因为考核指标单一化造成了对环境、对人民福祉的牺牲。以历史的眼光总结现代城市化政策演化历程，成就是主要的，具体表现在：

第一，城镇化水平持续快速提高，城镇体系不断完善。改革开放后，特别是1984年的城市经济体制改革使城市化水平飞速发展，城镇化率由1949年的10.64%提高到2014年的54.77%。经过一系列的区域开发战略和协调发展战略，中国基本形成完善的城市结构体系，大中小城市各有侧重，城市群有主有次。

---

① 姚洋. 中国模式与"中性政府"[N]. 北京日报，2008-10-16.

第二，城市化与城镇化创造了巨大的市场需求，有效带动了经济发展。城市化是我国实现现代化和建设经济强国的必由之路。中国经济持续多年的两位数增长离不开城市化进程带来的巨大的市场需求，城市化对于扩大内需和转移过剩产能有积极意义，特别是对基建材料、房地产以及农村剩余劳动力转移就业的提升与帮助。

第三，城市化与新型城镇化建设正在有效地化解城乡二元矛盾，缩减区域与城乡发展不平衡的问题。城市化直接使 2.5 亿多的农民进入城镇务工，接受专业化的技能培训，间接地促进农业规模化经营；同时，新型城镇化更加强调市场对"三农"资源的配置作用，从而有效增加农民的人均收入；另外，区域协调发展战略使东、中、西部因地制宜，各有重点，实现互补、共享式发展。

第四，城市化与城镇化带来了深刻的社会与文化变革，迈向全面现代化。经济的发展毋庸置疑是主要的，但伴随而来的还有社会结构的深刻变化，城市居民增多，又出现新的"进城务工人员"阶层，农村出现空心化，这些变革会带来新的问题，又进一步深化改革。与之对应的是人们的价值观、综合素质也都随之变革，真正朝着现代化社会发展。

二、我国城市化政策存在的问题

我国的城市化政策为中国城市建设与发展带来了很多的成就，但是政策也存在不少问题，归纳起来，主要有：

第一，区域与城乡资源流动仍面临诸多阻碍，比如土地、劳动力。要实现劳动力的自由流动面临许多体制上的障碍，农民很难获得城市发展的资金。虽然中共十八届三中全会要求赋予农民更多财产权利，让土地流转起来，但是农村土地市场的建立尚在探索，贫富差距的顽疾需要从制度根源上予以切除。

第二，过量规划和过度投资间接导致了公共配套服务的缺失与"摊大饼"顽疾。一方面，农村富余劳动力转移至城镇后的安置和社会公共服务体系建设问题日益受到关注，因为很多人没有享受到与有户籍的市民在就业、健康、教育、养老等方面同样的公共服务和社会保障。另一方面，过度规划导致的城市边界迅速膨胀，"摊大饼"式建设引发城市交通拥堵、环境恶化等"城市病"。

第三，在城市化进程中，过分注重速度、数量和规模，而忽视质量与效率，不顾成本。特别是盲目招商引资和盲目上大型项目，某些地方政府为了追求 GDP 增长，不计后果，环评作假，违背客观规律，忽视居民基本利益。

第四，"偏经济、轻社会、弱环境、少人文"是过去城市化相关政策制定与实施中的弊病。为了保证经济指标的完成，不惜牺牲社会保障资金、牺牲基本的生态环境、牺牲城市发展中的文化资源，大拆大建，不惜损毁历史风貌。

总体来说，上述这些城市化进程中出现的问题多是在旧的发展模式与体制基础上形成的，包括历史上的计划经济体制残留，改革开放后的不均衡发展模式对公平的忽视，政绩考核中对经济指标的过分看重。如果要概括这些问题矛盾，那就是制度不完善与改革滞后。要解决这些问题，中国需要在把握我国城市化发展阶段与未来城市化发展趋势的基础上，制定远景规划，全面深化改革，完善制度建设，从政治、经济、文化、社会、生态等维度全面推进城市化。

本 章 小 结

本章在城市化政策演化进程分析的基础上进行政策评价研究，是全书的第二大核心部分。在第一节中，笔者探讨了城市化政策的评价机理，指出中国城市化发展的路径与结果取决于政策的发展目标。如果改革开放之前工业化与政治是城市建设目标的话，那么改革开放后经济发展就是城市建设与发展的主要目标，这直接导致了"经济型城市化"留下的诸多问题。同时，该节还对政策的评价方法与动力机制的影响因素进行了分析。

在第二节中，笔者运用系统分析方法，对新中国的城市化政策进行定性的评价研究。按照"是什么""为什么""怎么做"的逻辑关系指出了政策背后的政府行为、价值取向以及初步探讨了政府应该遵循的价值原则。

　　第三节是用实证研究的方法论，尝试建立中国城市化政策评价的指标体系。其中，定量评价的要素设计遵循了直观性、可测性、综合性，以现有城市、城镇规划中的目标性要素为主要内容。定量指标同为指导性指标，在开展具体的政策评价时，应根据政策性质和内容要点，在本研究给出的普适性通用指标体系基础上筛选和细化，形成最适合的评价指标体系。

　　第四节给出了本研究的初步评价结论。我国在城市化进程上取得了很大的成效，但是也要反思。城市化的具体进程取决于制度安排，中央政府应该重视的问题是如何从制度建设上保证城市化的健康、协调、可持续发展。改革开放以前，政府行为超越理性，各项制度都受计划经济体制制约，一度造成城乡分隔。改革开放后，在市场经济条件下，政府行为逐渐与经济活动紧密联系，许多地方政府往往以企业的性质定位自己的目标取向，片面性地追求经济效益，忽视其所承担的社会管理功能。

第六章

转型期中国城市化政策
制定的基本思路

从政策内容出发，今后的城市化政策该何去何从？政策具有适时性、引导性、前瞻性。笔者希望通过对政策内容与发展规律的归纳总结，一是对今后的城市发展政策提供科学的理念指导；二是提供战略思路指导；三是提供政策制定方法指导，包括一些评价指标；四是提供一些未来可能的发展趋势与焦点热点，以供参考。本书尝试给出一些框架性的建议。

第一节　国外城市化进程中政府
行为的借鉴与启示

一、英国政府对城市化的干预与城市化内涵的演变

（1）运用法律手段干预城市化。1909 年，英国通过了第一部涉及城市规划的法律，标志着城市规划开始作为一项政府职能以法律形式固定下来。20 世纪 40 年代，英国集中颁布了多个城市建设与发展相关的法律。在这个时期，英国已经实现高级城市化，城市人口比重明显提高，工业集中趋势日益明显。这时的城市化已经不局限于单纯追求经济效益，而是侧重于工业的集中化和规模化发展。

（2）利用高福利制度解决城市化过程中产生的社会矛盾。第二次世界大战（简称"二战"）后，出现了"正式的城市体系"这一概念，它包括

了土地、道路、治安、社会福利等与城市基础设施、社会管理相关的一系列物品与服务。"二战"后的英国，城市的生活质量水平明显提高，这时英国面临的问题与前工业化时期已经不同，更多需要借助政府和社会组织的力量。

20世纪下半叶英国城市化继续发展与完善。在英国实现高度城市化的过程中，城市文明不断普及，城乡差别逐渐消失，城市保障体系基本已经实现了全覆盖，此时城市化的内涵不再是城市人口的增加，而是代表着现代城市文明以及生活方式的普及。

二、美国政府对城市化的干预与城市化内涵的演变

自美国建国以来，政府一直以各种手段干预城市化，其中包括法律、税收行政管理等手段。在城市化初期，美国利用各种政策手段增加城市人口数量，扩大城市规模，其根本是为了经济发展。如19世纪60年代通过《移民法》《宅地法》等，加快了西部城市化的速度。美国对城市化的大规模直接干预主要表现在罗斯福新政期间和新政之后：

（1）以工代赈干预城市化。罗斯福新政时期，政府通过以工代赈利用大批廉价劳动力，不仅兴建了许多城市基础设施和重大的国家项目，促进了城市硬件水平的发展，而且还解决了当时许多城市工人的就业问题，一举两得。据统计，以工代赈兴办的工程项目在3万个以上。

（2）建立政府专门机构，实现再城市化。1933年6月美国成立了公共工程局，负责开展公共工程工作。公共工程局有权举办工程项目招标、分配资金和工程项目，有权对城市公共团体提供贷款。

（3）兴建基础设施促进区域城市化。美国政府对城市化的政策内容有两方面：一种是把城市人口从巨大的中心城市分散出去，即郊区城市化，具体措施是制定法律，如1972的《发展法》和1974年的《住宅与郊区发展法》；另一种是政府投资建立新城。

20世纪中叶以前，美国城市化快速发展，逐渐建立了现代化的城市体系，城市功能得到不断发展，城市间相互合作、共同发展，许多大、中城市既是工业基地又是商业、金融和政治文化中心。20世纪中叶实现高度城

市化以后，美国城市化速度放缓。

三、苏联政府对城市化的干预与城市化内涵的演变

苏联主要运用计划手段来调节城市化，可把苏联城市化的模式归结为"计划主导型城市化模式"。① 从 1917 年苏联成立到 1991 年解体的这 74 年，苏联城市化迅速发展，城市化水平明显提高，城市人口比重也由最初的 18％上升到 66％，苏联由原来以农村为主的落后的农业大国变为以城市为主的先进工业国，跨进了世界先进国家行列。纵观苏联的城市化进程，计划经济无疑起到了重要作用，政府作为城市化的主导力量，苏联的城市化进程自然也摆脱不了计划经济体制这一轨道。苏联政府以重工业发展为中心，依靠高速工业化带动城市化发展，然而这种忽略农业经济发展一味追求重工业比重的城市化道路也导致了城市发展的不平衡，甚至成为苏联解体的重要因素。②

第二节 中国城市化及其政策演变
所处阶段的基本判断

截至 2014 年，中国城镇化率为 54.77％，与其他新兴市场相比明显偏低。而根据国际经验，城镇化率达到 70％才会稳定下来。所以，中国城镇化的脚步都还远未到停歇之时，未来还有巨大的发展空间。理解城市化内涵的演变以及当前中国城市化所处的阶段，对于中国未来的城市发展之路有重要意义。

一、城市的功能内涵与政府职能转变

要真正看清目前中国城市化在历史发展中所处的阶段，首先要对城市

① 谷荣. 中国城市化公共政策研究 [M]. 南京：东南大学出版社，2007：40.
② 耿晓棠，试论苏联的城市化 [D]. 黑龙江省社会科学院，2008.

化与城市功能的内涵有深刻的理解。城市是由多种复杂系统所构成的有机体，城市功能是城市发展的动力因素。过去，我们看到的城市发展历程是充满政治与经济色彩的，主要的功能也表现在生产管理、协调集散等。但是城市毕竟是人的城市，是社会的城市，人们生活在城市中除了从事政治、经济相关的活动外，还包含社会与文化相关的活动。城市必须发挥它在社会与文化发展上的功能作用。

中共十八大提出的"五位一体"总体布局也给城市建设与发展提供了科学的思路。国家的建设与全面的城市建设是异曲同工的，所以城市的功能内涵应该也包含政治、经济、文化、社会、生态文明。需要特别指出的是，城市内涵的界定也受制于当时所处的政治经济形势，在改革开放以前，城市就是"生产城市"与"政治城市"，改革开放刚兴起时，城市就是"经济城市"，城市内涵也存在一个历史演变的过程。

根据这样的城市功能内涵，我们就可以理解当前国家所大力提倡的政府职能转变。理解政府职能转变对城市化进程、政策、模式的研究非常重要，甚至是一个基础条件，它决定了日后城市化模式的转变。政府职能由计划、管控向服务转变，一方面说明市场的作用将进一步放大；另一方面也说明政府将更加以人为本，社会服务意识更加强烈。

政府职能转变主要是破除原先计划经济体制时代遗留的僵化落后体制、机制。当前来看，主要的职能转变体现在协调政府和市场的关系。总体上，中国的生产力水平与西方国家相比并不高，并且区域差别与城乡差别很大，发展不平衡，在"最大的发展中国家"这样的基本国情之下，很多现实问题摆在国家面前，不能单纯靠自发形成市场，必须借助政府的主导调控。如果没有政府的组织与管理，很多地区就会因为市场机制的选择而被抛弃，生产力要素就无法得到发育，地区差距会越来越大。政府在职能转变的过程中经历了几个阶段，一开始是初期的"政府管市场"，主要是基于行政力量打造并管理市场；随着市场的逐渐形成和自我完善机制确立，政府和市场之间的矛盾开始显现并加深，于是就进入新的"政府服务市场"阶段，主要是为市场的有序运行提供公平、有保障的平台，政府搭台，企业唱戏，把更多的主动权交由市场。

同样，政府职能的转变也体现在处理社会与人的公共事务上，随着公民权利意识的逐渐增强，政府正由"权力本位"向"责任本位"转变，由"管理意识"向"服务意识"转变，这是社会进步的体现。

城市化是一个综合系统，其中既包含政府和市场的关系，也包含着政府和社会、政府和公民的关系，总体呈现的就是城市化进程中政府职能的转变。了解了政府职能转变的历程与趋势，对于我们预判未来中国城市化政策的发展趋势有重要作用。

二、当前中国城市化所处的阶段

基于对中国城市化相关政策内容的分析，结合城市的功能内涵演变，纵观新中国成立以来的中国城市化进程，从内容所反映的时代特征上，笔者将中国城市建设与发展概括划分为三个阶段。

第一，从 1949 年到 1978 年，中国城市化虽有所发展，但这 30 年由于受多种因素的干扰，特别是政治因素影响，总体上看城市化发展速度迟缓，过程动荡曲折。从治理方式上看颇像"军事化管理"，城市建设与发展在方式上以行政命令为主，在内容上服务军事与政治，再加上当时从中央政府到地方政府的官员，很多都是革命战争年代的军官和干部，治理方式延续了战争年代的理念。1949 年很长一段时间，由于发展需要、计划经济、领导人偏好和政治博弈等多重原因，特别是东西方长期处于冷战状态，"使政治需要仍在很长时间内一直成为新中国的头等大事，因此对中国城市化进程产生了各种各样的复杂影响"。[①] 国家因此曾走过封闭、权力不受制约、法治不够健全的历史时期。比如，人为控制的城市化政策，通过建立户籍制度，严格限制人口由农村向城市和城镇转移，以及资源高度集中的计划分配体制。从对历史政策的分析看，这个时期城市化总体是服务于政治需要、服从于国家战略目标，包括前期的由工业化带领，以及后期在动荡不安中被动发展。这样的城市治理模式是由当时的国内外大环境所决定的，有一定的历史选择性。

---

① 刘士林. 文化城市与中国城市发展方式转型及创新 [J]. 上海交通大学学报（哲学社会科学版），2010，18（3）：5-13.

第二，改革开放后到中共十八大以前，经济建设是城市化的主题，也就是"经济型城市化"阶段。市场经济模式正式确立、城市经济体制改革、第三产业迅猛发展构成了"经济型城市化"进程的基本特征。[①] 这个时期，中国通过扩大投资、促进出口、鼓励消费"三驾马车"极大地支持了"以经济建设为中心"。基础设施建设投资支持了中国的快速城市化，出口政策使中国成为名副其实的"世界工厂"，鼓励消费的政策有力地扩大了内需，支撑了经济持续高速发展。快速的城市化不仅使城市面貌日新月异，对中国深层社会结构的优化更新也起到了重要的推动作用。所有这些成就的取得，都因我们的城市发展主题就是经济建设、基础设施建设。可以说，改革开放至2014年的30多年是"经济学家"与"工程师"的时代。这一阶段的城市管理笔者形象地称之为"工程师与经济学家治理"阶段。

第三，经过多年的改革开放，中国的经济实力和人民生活水平大幅提高，离现代化越来越近，但同时也面临过去没有的、更高层面上的问题与困惑。未来30年，中国的城市建设与发展之路与国家的发展之路是一致的，那就是要注重制度建设与人文发展。城市化的管理是融合了经济、社会和人的综合系统，为了实现城市现代化，制度建设与创新迫在眉睫。从现代化进程来看，中国目前正处于从"物质现代化"到"制度现代化"的交汇处，科学合理、稳固持久的制度更加有利于国家长治久安。中共十八届四中全会通过了全面依法治国的决定，未来30年，中国不仅需要工程师与经济学家继续进行经济建设，更需要有法制理念与人文理念的主政者坚持制度建设与创新，让中国在未来能够持续保持前进的动力。由是，未来一段时间，笔者姑且将之称为"制度治理"阶段。

综上所述，当前中国的城市化所处的阶段就是由"物质现代化"向"制度现代化"过渡，城市化政策的内容在经历了"政治型城市化"与"经济型城市化"之后，正在向"制度、社会与人文型城市化"转变。所以，就本研究的主题——政策内容而言，制度、社会与人文就是未来城市化相关政策制定的重要趋势，是"以人为本、全面、协调、可持续"的城

---

① 刘士林. 新中国的城市化进程及文化城市战略 [J]. 文化艺术研究，2010，3（2）：27-44.

市化，以制度建设进行城市建设成为城市治理的重要方式。

三、制度、社会与人文成为未来重要的政策聚焦点

中国已经进入城市化稳定发展阶段，未来城市如何发展涉及城市的本质。现代型的城市化定义强调人口转移、职业转移和产业集中，重点在人口和经济职能。后现代型的城市化定义强调和突出了生活方式的转变和都市文明的渗透等更深层的内涵，包括社会文化和价值观、人的态度和行为等。后现代的这一定义是对传统定义的有益补充，是城市化相关政策制定应该关注的趋势。

在西方主导的全球秩序中，经济全球化是不可避免的趋势，未来经济全球化也不会停止，但是随着多极化的全球新格局日渐建立，特别是中国的地位明显上升，中国的价值观输出与国家形象塑造也变得日渐重要。未来的全球化将是中国文化的全球化，中国文化与中国价值观将在全球格局与实务中发挥重要作用，这一任务的完成需要中国文化有所作为，实现大繁荣、大发展。而这一目标承载到城市化进程中，落地到城市建设与发展上将有的放矢。2014 年国家新型城镇化规划在定义新型城市建设时，专门提出了要"注重人文城市建设"，这对中国未来的城市化政策发展趋势有重要的指导作用。首先，"人文城市"意味着中国城市在未来发展会进行结构调整与经济发展方式转变，更加注重创新驱动。其次，"人文城市"建设意味着文化将成为城市建设的重要内容，要改变以前只重形式，没有内涵的城市建设弊病，将更加注重中国价值观的塑造与传播。中国历史文化悠久，各地文化资源十分丰富，但是地方政府缺乏重视，缺乏开发的创意。再次，"人文城市"意味着城市建设与发展更加注重民生，更加有人文关怀，更加以人为本。注重人文城市建设不等于忽视城市经济建设，"人文城市"是基于经济基础的城市，"人文城市"也是城市经济发展的一种方式，可以实现经济的跨越式发展。①

---

① 刘士林. 文化城市与中国城市发展方式转型及创新 [J]. 上海交通大学学报（哲学社会科学版），2010，18（3）：5 - 13.

同时，中共十八届三中全会以全面深化改革为主要议题强调"推进以人为核心的城镇化"；中共十八届四中全会强调"法治"；中共十八届五中全会讨论通过的关于"十三五"规划的建议①更是提出"人民主体地位"的原则，以及对"人民生活水平质量""国民素质和社会文明程度"等目标作出具体要求，特别是"各方面制度更加成熟更加定型"的提法让人期待。

纵观这些密集的政策信号，我们不难推测未来城市发展政策的内涵走势——"制度""社会"与"人文"将成为未来重要的政策聚焦点。2015年年底中央城市工作会议提出，城市的可持续发展需要充分统筹改革、科技、文化三大动力，调动政府、社会、市民三大主体积极性，足以证明在全面深化改革的保障下，制度力量、社会力量与人文力量所蕴含的巨大潜力。

第三节　中国城市化政策制定的基本思路

我们回到一个基本问题，即城市发展的本质到底是什么？是人的发展还是钢筋水泥的发展，还是经济的发展或者政治的发展？综合前文，未来城市发展应该是政治、经济、社会、文化、生态环境的全面发展。但具体如何做到全面持续的发展，本研究给出以下一些思路。

一、政治层面加强制度建设

政策都是在一定制度框架内的，政策的运行从属于一定的制度。制度一方面决定着政策；另一方面，政策对制度又具有反作用，它会积极地自我完善，自我革命，通过量变达成质变，促使制度创新、升级、变迁。所以，在中国未来的城市化进程中，要充分运用政策与制度的辩证互动关

---

① 全称为《中共中央关于制定国民经济和社会发展第十三个五年规划的建议》，2015年10月29日中国共产党第十八届中央委员会第五次全体会议通过。

系，加强制度建设以保证政策良性运行，通过政策促进制度升级。具体做好以下几点：

第一，贯彻依法治国的理念。中共十五大报告明确提出要"依法治国，建设社会主义法治国家"。中共中央提出"四个全面"的战略布局也包含了"全面依法治国"，要依据宪法和法律来治理国家，要利用法律将权力关进牢笼。要提高城市法治化水平。坚持立法先行，健全立法机关主导，社会各方有序参与立法的途径和方式。要对行政权力进行制约与监督，建设权责法定、执法严明、守法诚信的法治政府。增强全民法治观念，强化规则意识和契约精神。而最主要的就是将制度建立起来，创造好公正、透明的政治平台。具体的制度建设包括居民财产保护机制、政府公共服务普及化机制、城市规划项目终身责任制，以及最严格有效的生态环境保护制度等。

第二，处理好政府与市场的关系，做好制度供给侧结构性改革。"作为发展中的社会主义国家，中国在过去或者将来相当长的时间内都采取一种赶超的发展模式，这决定了中国城市发展的政府主导型模式。特别是改革开放后我们见证了政府主导城市化所取得的光辉业绩，但光环背后亦有对市场过分干预造成的诸多矛盾。国家新型城镇化规划在指导思想中指出应坚持'市场主导，政府引导'的原则，坚持使市场在资源配置中起决定性作用，同时最后强调'统筹规划，分类指导'的原则，要切实履行政府制定规划政策、提供公共服务和营造制度环境的重要职责。新型城镇化必然更多地突出市场配置资源的基础性、决定性作用，但政府也必须在其中发挥非常重要的作用，绝不能是纯粹的市场化推动，重点是处理好市场和政府的关系问题。"① 另外，从制度供给与创新角度看，更需要政府自上而下进行顶层设计。并且，中国尚处于发展中国家行列，生产力与发达国家相比差距仍很大，区域与城乡之间差距很大，而自由市场在决定资源配置上不会考虑发展的平衡性问题，只会按照市场最优、效率最优进行配置，将会导致公平缺失。所以，城市化作为实现经济现代化重要依托，必须在政府的统筹安排、正确引导与调控下来实现。政府需要主动作为，创造一个科学发展的环境，兼顾效率与公平，兼顾发展与保护。

---

① 张书成. 新型城镇化规划体现国家改革意志 [J]. 中国建设信息，2014 (15)：64-65.

第三，优化政府官员考核机制，促进树立正确的政绩观。要在顶层设计上优化官员的考核机制，不唯 GDP 是从，但也不全部去 GDP，要综合考量经济、社会、文化、生态等多个指标，要摒弃不科学的政绩观和不科学的发展方式。许多地方出现的重大决策失误与突发事故就是追求不科学的政绩观的结果。

二、经济层面坚持创新驱动

中国未来的城市经济必须走创新驱动，转型发展之路，在创新中打造发展新引擎，在转型中保持经济稳定增长。

第一，创新驱动。未来 5—10 年，新科技革命和产业变革将孕育新突破，创新经济成为经济增长重要驱动力。人工智能、生物医药、航空航天、3D 打印、新能源、新材料等领域已出现重大突破，"互联网＋"产业发展迅速。中小微企业、"创客"将成为新创新主体，推动信息经济、共享经济加快发展。以智能制造和智能应用为重点的产业变革正在进行，美国提出"再工业化"、德国实施"工业 4.0"，全球产业结构、产业组织和需求结构将在创新力量的驱动下发生重大变化。因此，中国的城市发展战略也要加快创新步伐，建立一个开放的城市创新系统，破除制约创新的思想障碍和制度藩篱，营造激励创新的公平竞争环境，建立技术创新市场导向机。以北京、上海关于建设"科技创新中心"的城市定位为例，要努力形成"大众创业，万众创新"的局面。城市经济增长的真正动力来自人的创造，只有有才能并充满创意的人群聚集在一起，经济才会有长久的可持续性。因此，城市的发展应体现为建成一个开放包容、高效率高素质的行政管理、适宜创业就业、适宜居住的高品质的城市。

第二，转型发展。未来中国的城市化要实现从速度和规模向质量与效率的转变。要以人为本，城市发展中最重要的因素是人，是人的需求的满足和人的综合素质的提高，不能把城市 GDP 增长速度的提高和经济规模的扩大简单地等同于城市水平的提高。城市的产生与发展都来自人的需要，所谓的城市发展就是满足城市里人们的生存与发展需求，这些需求包含城市社会、经济、政治、文化、社会环境等诸多方面。

三、社会层面关注城乡民生

高速的城市化进程要求政府治理国家的观念和职能发生转变。[1] 继"政治型城市化""经济型城市化"之后，是"社会型城市化"，关注民生，关注人的社会生存、尊严、地位。政策的作用在于通过增加平等机遇支持这些方面。未来，公平公正、共建共享的包容性发展新机制亟待建立，能够使城市发展成果更多、更公平、更实在地惠及全体人民。基本公共服务要更加强调均等化、标准化，覆盖人群要进一步扩大。教育、卫生、文化等领域改革要继续深化，公共服务的供给主体要更加多元。为适应社会结构分化和价值取向多元等城市发展新趋势，创新社会治理体制机制、提升城市治理能力的要求进一步提高。

需要特别强调的是，在社会民生这块，未来很长一段时间的头等大事就是要解决城乡差距。而解决"三农"问题最根本是要推进土地产权制度改革，合理分配土地价差。"新型城镇化中的土地问题，既要创新用地机制，又要兼顾收益分配机制。"[2] 改革是必经之路，土地产权制度改革箭在弦上。解决"三农"问题，要允许农民土地能够自由转让，获得财富，打破二元结构的不平衡，让广大农民成为农村土地真正的主人。[3]

四、人文层面建设文化城市

城市人文建设在本质上是改善发展软环境，提升国家软实力。目前来看，城市中多元包容的文化和生活氛围需要营造，个性化、多层次的文化生活需要丰富，社会公共文化空间建设需要加强，市民的文明素质、文化素养有待提高。改善城市软环境，要把文化软实力作为提升城市核心竞争力的重要因素，加大文化改革开放力度，推动文化与经济、社会其他领域深度融合，要以文化创新活跃、文化要素集聚、文化市场繁荣、文化魅力

---

① 武力. 中国城镇化道路的回顾与前瞻 [J]. 江南论坛，2013 (5)：4-9.
② 张书成. 新型城镇化建设需合理分配土地价差 [J]. 中国建设信息，2014 (5)：58-59.
③ 徐鸣. 让农民成为农村土地真正的主人 [N]. 新华日报，2013-4-9.

独特的文化城市为建设目标。

亚里士多德说："人们为了活着而聚集到城市，为了生活得更加美好而居留于城市。"城市是人类最重要的聚居地，一部城市发展史就是一部文化发展史，文化发展是城市发展的终极目标，也可以当作城市发展的手段。在当代，经济发展首当其冲，似乎掩盖了文化目标，但经济导向并非人们的终极意愿。

"文化城市本质上是一种不同于'政治城市''经济城市'的新的城市发展模式，其核心是一种以文化资源为客观生产对象，以审美机能为主体劳动条件，以文化创意、艺术设计、景观创造等为中介与过程，以适合人的审美生存与全面发展的社会空间为目标的城市理念与形态。"[①] 与政治型城市化和经济型城市化相比，"以文化艺术为核心功能的文化城市最能体现出人类文明发展的新高度，是兼顾了传统与未来、政治与经济、最适合主体需求和城市本性的科学与全面发展模式。"[②]

文化城市建设是一个综合系统的工作，公共文化服务层面，要建设现代公共文化服务体系：创新公共文化服务管理体制和运行机制，改革公共文化投入机制，推动公共文化服务社会化、专业化发展。在城市更新过程中注重融入文化元素和文化功能，拓展城市文化空间。加大历史文化风貌保护和非物质文化遗产传承力度，增强城市文化积淀。加强国际文化交流。文化产业层面，要加快文化产业创新发展：深化文化体制改革，扩大文化领域开放，支持社会资本投资社会领域，推动多元文化要素集聚。大力发展文化创意产业，培育文化创意品牌，打造完整产业链，促进文化消费。

五、生态层面注重环境保护

发展与环境的关系是中国现代化进程中的主要关系之一。"城市化进程中要杜绝拉美模式的'虚假城市化'，防止以破坏环境为代价推动城市

---

① 张书成. 基于文化城市群理论的中原文化事业区域协调发展研究 [J]. 洛阳师范学院学报，2014，33（7）：14 - 18.
② 刘士林. 新中国的城市化进程及文化城市战略 [J]. 文化艺术研究，2010，3（2）：27 - 44.

化。"① 近年来，政府曾多次提及保护环境、转变经济发展方式。美国等发达国家都将绿色、低碳、宜居作为未来发展战略的核心目标，纽约提出 2030 年要成为更绿色、更美好的城市；首尔提出 2030 年要成为全球气候友好城市。中共十八大报告中更提出建设"美丽中国"的目标。然而中国遭遇的十面"霾"伏，让这些美丽愿景的实现变得更为迫切。大范围、长时间的雾霾天气再次警示人们，粗放的经济增长方式再也不能继续下去，以牺牲生态环境为代价的经济发展，必然给人类自身带来疾病、灾难甚至毁灭。而面对这一切，政府必须有所作为。当然，这将是一场持久战，不可能毕其功于一役，需要长期坚持并落到实处。

本 章 小 结

本章是全书的政策建议部分，给出了中国未来城市化政策制定的战略思路。前两节在借鉴西方城市化进程中的政府作为之后，笔者对当前中国城市化及其政策演变所处的阶段做了基本判断。从城市的功能内涵出发，指出城市功能内涵包含政治功能、经济功能、社会功能、文化功能，这四个功能分别对应城市由低级到高级发展的四个阶段，制度、社会与人文是未来城市重要的政策聚焦点。这符合城市的本质目标是人的生存与发展。

在第三节，笔者分别从政治、经济、社会、文化、生态环境五个维度给出了中国城市化政策制定的一些思路建议。在政治维度要加强制度建设，改变原有的政绩观；在经济维度要坚持创新驱动，转型发展；在社会维度要关注民生；在文化维度要以文化城市为终极目标，增加人文关怀；生态环境维度要坚持保护与可持续发展的理念。

城市化政策随着经济社会与时代的发展不断演化进步，本研究给出的思路仅供政策制定者作为理念与战略参考。回到最初的问题，城市发展的本质最终为人，而社会文明给人的尊严、福祉，与文化城市给人的有价值、有意义的生活应该是我们未来的城市建设与发展应该追求的。

---

① 张书成. 雾霾恶袭考验中国城市化进程［N］. 学习时报，2014-1-27.

第七章

令人期待的未来中国城市化

刘易斯·芒福德在其著作《城市发展史：起源、演变和前景》中阐述了城市的起源与发展，并展望了城市未来的远景。芒福德认为，城市的本质在于给人提供"有意义、有价值"的生活。这样的论断有力地支撑了本研究对城市发展规律的认知。城市的功能很多，但人作为其中的主体应该是所有意义与价值的最终目的。中国的城市化进程将继续向前，通过历史分析有助于我们更好地认清未来的路。

第一节 主要结论

一、新中国城市化政策演化进程总结

新中国成立以来，并没有单独针对城市化提出国家战略性的规划，直到中共十八大以后的中央城镇化工作会议举行，国家新型城镇化规划的颁布以及 2015 年年底中央城市工作会议召开，它才被作为独立的战略规划受到重视。在这之前，城市的发展主要服从于国家政治与经济的建设。关于城乡建设、城市发展的条文主要是融合在国民经济与社会发展规划中，或者融入经济、农村工作会议中，或者在交通、人口、教育、医疗等专项政策法规中体现出来，这也说明了城市化作为一个综合性系统的特点。但是，城市化作为实现现代化的重要途径，其地位与建设意义在后来以整体

概念的方式得到有意识的提升。

本书研究以内容分析法为基础，探讨了新中国城市化政策内容的演化进程，这个演化进程可以归纳为从改革开放前服务工业化建设与系列政治运动，到改革开放后进行经济体制改革和全面的经济建设，再到以中共十八大为起点的以人为本的新型城镇化战略。这样的政策演变给我们归纳出一幅从"政治"，到"经济"，再到"制度、社会和人文"的政策内涵路线图。

二、新中国城市化政策总体评价

当前中国在城市化进程上取得了很大的成效，城镇化水平持续快速提高，有效带动了经济发展，区域与城乡发展逐步协调，也带来了深刻的社会与文化变革。但是有很多问题我们也要反思，包括区域与城乡间资源流动阻碍问题，经济增长质量问题，城市建设与发展规划中偏经济、轻社会、弱环境、少人文等问题。城市化的具体进程取决于制度安排，国家应该重视的问题是如何从制度建设上保证城市化的健康、协调、可持续发展。改革开放以前，政府行为超越理性，各项制度都受计划经济体制制约，一度造成城乡分隔。改革开放后，在市场经济条件下，政府行为逐渐与经济活动紧密联系，许多地方政府往往以企业的性质定位自己的目标取向，片面性地追求经济效益，或者直接干预，忽视其所承担的社会管理与协调功能。由于目前尚未形成对政府的有效约束机制，政府在城市化进程中容易出现不计成本地推进城市化的倾向，出现政府行为非理性现象。这些城市化进程中出现的问题多是在旧的发展模式与体制基础上形成的，包括历史上的计划经济体制残留，包括改革开放后的不均衡发展模式对公平的忽视，也包括政绩考核中对经济指标的过分看重。要解决这些问题，需要在把握城市化发展趋势的基础上，制定远景规划，全面深化改革，完善制度建设，从政治、经济、文化、社会、生态等维度全面考量。

三、未来中国城市化趋势与政策制定的思路

"有所为，有所不为"。这句哲理名言出于 2500 年前老子的《道德经》。

这对我们现在研究政府行为仍有非常重要的启发。问题在于我们该"为"什么，不该"为"什么，什么样的政府才是现代城市发展迫切需要的，政府的功能在多大程度上能够对城市经济社会的发展最大限度地起促进作用，政府行为与市场行为又将如何协调，政府公共决策的依据是什么，等等，这些问题是政府需要明确回答但又备感困惑的，需要我们通过探索获得理论的支持并在实践中不断创新。

第二节　需要深化研究的问题

城镇化这一概念已上升至全面建成小康社会层面，所肩负的历史责任更加重大。城镇化带来的市场需求非常庞大，动力强劲，但前提是城镇化率要顺利实现健康增长。要实现城镇化健康发展，就必须改革完善城镇化发展体制机制。随着城市化研究的深入，在后续的研究中，下面几个问题必须深入讨论。

一、人口问题：推进人口管理制度改革

一是户籍制度改革问题。户籍制度改革现在已经开始。2014 年 7 月户籍制度改革文件下发，但是对于北京、上海、广州等大城市，在管控人口的前提下，需要探索解决已经进城务工的非户籍常住人口的教育、医疗等社会福利问题。二是劳动力问题，一方面户口体系以及社会保险体系制约劳动力的流动；另一方面人口老龄化加剧劳动力短缺，这两个因素将是中国未来经济与社会发展的障碍。对此，政府需要发展一个灵活、机动的劳动力市场。

二、土地问题：深化土地管理制度改革

未来土地资源会越来越稀缺，土地的高效利用将成为中国可持续发展的重要目标之一。当然，讲到城镇化离不开土地财政和房地产税，土地财

政问题主要在于地方政府不断依靠新增土地获得收入，造成了用地扭曲。我们不能总是靠土地增量来解决问题。此外，住房这一民生大事需要积极应对。

三、融资问题：创新城镇化资金保障机制

中国城市化高歌猛进，城镇化建设的投资机制亟需研究，特别是由土地城镇化、房地产城镇化向人的城镇化过渡的新型城镇化战略指导下，大量的社会公共服务投资迎面而来，财政压力巨大，资金问题值得关注。

四、经济增长问题：保持中高速增长，避免陷入中等收入陷阱

面对"两个一百年"即将到来，要如期实现国家的宏伟目标，中国既面临充分条件，也面临艰巨任务。当前我国正处于转型发展时期，"三期叠加"使我们的经济面临很大的挑战，城镇化作为实现现代化的必经之路，特别是在"十三五"期间，面对转型发展、经济下行形势，是否由"建设期"转向"民生期"？城市化应当承担何种历史责任？值得继续深入研究。

第三节　第三个"三十年"展望

城市作为一个实体，政治、经济、社会、文化、建筑、生态，无所不包。这一特性，决定了城市政策研究既有艰巨性又有吸引力。到 2049年，即新中国成立 100 周年时，中国即将建成富强、民主、文明、和谐的社会主义现代化国家，这是中国共产党在我国社会主义初级阶段的奋斗目标。在实现这样宏伟目标的历史过程中是否有规律可循？回顾历史与展望未来我们该坚持什么样的具体策略？从政策内容角度分析，笔者认为到 2049 年，中国的现代化进程史可以分为三个阶段，也可以简称为"三个三十年"。

第一个"三十年"从 1949—1978 年，主要是为了巩固政权，建立新秩序，比如 1953 年提出的对私改造。在这个过程中，由于我们建设社会主义国家缺乏经验，完全是摸着石头过河，所以走了很多的"弯路"。这 30 年主要围绕社会主义制度与国民经济基础的建立进行，城市与社会发展并未得到重视。政治建设和国家战略主导了经济体制，而城市发展也服从于政治与计划经济。这是由当时的国情与历史任务所决定的，具有一定的历史选择性。

第二个"三十年"从 1979—2014 年，是改革开放的 30 余年，是中国特色社会主义市场经济体制建立健全的 30 余年，是"工程师"与"经济学家"大展拳脚的时代，主题是从事经济建设、基础设施建设。特别是 1984 年城市经济体制改革以后，中国经历了举世瞩目的高速发展，成就斐然，城市化进程也在这 30 年里实现了跨越式发展，2014 年年末城市人口达到 7.49 亿人，城镇化率由 1978 年的 17.92％，到 2014 年上升到 54.77％。

第三个"三十年"是关于未来城市化进程的主题，我们拭目以待。但可以肯定的是，这一宏大的历史进程离不开坚定的改革与开放步伐，离不开坚持依法治国、以人为本，离不开制度建设、民生建设与人文建设。我们要坚持创新驱动，转型发展，积极响应供给侧结构性改革。我们要坚持人的城镇化，更加关注民生，增加人文关怀。

当前中国经济发展进入了"新常态"，但是我们的发展眼光要尽量长远，"不畏浮云遮望眼"，要直面复杂的国际形势和国内经济社会发展的问题与困难。新型工业化、城镇化、信息化、农业现代化和绿色化协同推进。这其中孕育着巨大发展潜能，要坚持制度建设与创新，保证政治、经济、社会、文化、生态健康持久地发展。可以确定的是，随着全面深化改革和扩大开放步入新的历史阶段，如果中国能够以当前的精气神持续奋斗，平稳度过第三个"三十年"，国家势必将会走向更长久的繁荣与富强。

本 章 小 结

从历史和现实看，新中国演绎了人类历史上最为波澜壮阔的城市化进程，过去、现在、未来，都深刻影响人类的发展，这一历史洪流还远未停止。本研究采用内容分析法，以历史的眼光对新中国成立以来我国城市化相关政策文本加以分析，旨在揭示城市化政策的变迁路径，评价城市化的运行态势，并力求对未来城市化政策走向提供前瞻性的预测。最终，本书呈现出了中国城市发展的宏大历史格局，展示了大国崛起的现实征程。城市问题在每个不同的时代，都有不同的"主题"，从政治维护到经济建设，城市发展态势是国家整体发展的一面旗帜，其后面的 30 年、40 年将是什么"主题"，我们满含期待。

主要参考文献
References

［1］Vitor Oliveira and Paulo Pinho (2010). Evaluation in Urban Planning：Advances and Prospects ［J］. *Journal of Planning Literature*, 24（4）：343 - 361.

［2］S. Sassen，*The Global City: New York*，*London*，*Tokyo*，Princeton University Press，1991，41.

［3］马克思. 政治经济学批判 ［M］//中共中央马克思恩格斯列宁斯大林著作编译局. 马克思恩格斯全集. 北京：人民出版社，1998.

［4］［美］保罗·诺克斯，［美］琳达·迈克卡西著. 城市化 ［M］. 顾朝林，汤培源等，译. 北京：科学出版社，2009.

［5］刘士林. 中国都市化进程报告 2012 ［M］. 北京：北京大学出版社，2012.

［6］刘士林. 中国都市化进程报告 2013 ［M］. 北京：北京大学出版社，2013.

［7］刘士林. 中国都市化进程报告 2014 ［M］. 北京：北京大学出版社，2014.

［8］刘士林，刘新静. 中国城市群发展报告 2013 ［M］. 上海：东方出版中心，2013.

［9］刘士林，刘新静. 中国城市群发展报告 2014 ［M］. 上海：东方出版中心，2014.

［10］顾朝林. 经济全球化与中国城市发展 ［M］. 北京：中国商务出版社，1999.

［11］叶裕民. 中国城市化之路：经济支持与制度创新 ［M］. 北京：商务印书馆，2001.

［12］马学强，等. 中国城市的发展历程、智慧与理念 ［M］. 上海：上海三联书店，2008.

［13］李津逵. 中国：加速城市化的考验 ［M］. 北京：中国建筑工业出版社，2007.

［14］谷荣. 中国城市化公共政策研究 ［M］. 南京：东南大学出版社，2007.

［15］刘传江. 中国城市化的制度安排与创新 ［M］. 武汉：武汉大学出版社，1999.

［16］徐和平，李莉. 城市化比较与中国城市化道路选择：中国城市化发展战略研究 ［M］. 贵阳：贵州人民出版社，2000.

［17］丁晓宇. 大棋局：中国城市化发展大战略 ［M］. 北京：国家行政学院出版社，2011.

［18］何一民. 中国城市史纲 ［M］. 成都：四川大学出版社，1994.

［19］张佩国，李友梅，刘春燕，等. 制度变迁的实践逻辑：改革以来中国城市化进程研究 ［M］. 桂林：广西师范大学出版社，2004.

[20] 张苗根. 浙江城市化 30 年 [M]. 杭州：浙江人民出版社，2009.

[21] 陈甬军，陈爱民. 中国城市化：实证分析与对策研究 [M]. 厦门：厦门大学出版社，2002.

[22] 王茂林. 新中国城市经济 50 年 [M]. 北京：经济管理出版社，2000.

[23] 凌亢. 中国城市可持续发展评价理论与实践 [M]. 北京：中国财政经济出版社，2001.

[24] 李树琮. 中国城市化与小城镇发展 [M]. 北京：中国财政经济出版社，2002.

[25] 国务院研究室课题组. 小城镇发展政策与实践 [M]. 北京：中国统计出版社，1994.

[26] 钟秀明. 城市化之动力 [M]. 北京：中国经济出版社，2006.

[27] 国务院发展研究中心，世界银行. 中国：推进高效、包容、可持续的城镇化 [M]. 北京：中国发展出版社，2014.

[28] 谷荣. 中国城市化公共政策研究 [M]. 南京：东南大学出版社，2007.

[29] 黄小晶. 城市化进程中的政府行为 [M]. 北京：中国财政经济出版社，2006.

[30] 景春梅. 城市化、动力机制及其制度创新 [M]. 北京：社会科学文献出版社，2010.

[31] 傅筑夫. 中国古代城市在国民经济中的地位和作用 [M] //中国经济史论丛（上册）. 北京：生活·读书·新知三联书店，1980.

[32] 王春光，孙晖. 中国城市化之路 [M]. 昆明：云南人民出版社，1997：36.

[33] 国家统计局城市社会经济调查司. 中国城市统计年鉴 2014 [M]. 北京：中国统计出版社，2014.

[34] 白寿彝. 中国通史 [M]. 上海：上海人民出版社，1989.

[35] 李钢，等. 公共政策内容分析法　理论与应用 [M]. 重庆：重庆大学出版社，2007.

[36] 毛泽东. 在中国共产党第七届中央委员会第二次全体会议上的报告（1949 年 3 月 5 日）[M] //毛泽东选集. 北京：人民出版社，1991.

[37] 国家统计局城市社会经济调查司. 中国城市统计年鉴 2013 [M]. 北京：中国统计出版社，2013.

[38] 姚存卓. 借鉴公共政策评估理论探索城市规划实效评估的方法——以上海市控制性详细规划编制单元为例 [D]. 同济大学，2005.

[39] 刘士林. 文化城市与中国城市发展方式转型及创新 [J]. 上海交通大学学报（哲学社会科学版），2010，18（3）.

[40] 刘士林. 新中国的城市化进程及文化城市战略 [J]. 文化艺术研究，2010，3（2）.

[41] 马娜，刘士林. 区域规划实施效果评估指标体系构建研究 [J]. 区域经济评论，2015（04）.

[42] 张书成. 新型城镇化规划体现国家改革意志 [J]. 中国建设信息，2014（15）.

[43] 张书成. 新型城镇化建设需合理分配土地价差 [J]. 中国建设信息，2014（5）.

[44] 张书成，汤莉华. 世界城市研究历程与分类体系综述 [J]. 江南大学学报，2014（2）.

[45] 张书成. 基于文化城市群理论的中原文化事业区域协调发展研究 [J]. 洛阳师范学

院学报，2014（7）.

[46] 姜爱林. 中国城镇化理论研究回顾与述评 [J]. 规划师，2002（3）.

[47] 熊月之，张生. 中国城市史研究综述（1986—2006）[J]. 史林，2008（1）.

[48] 王海光，李国芳. 走向城市：中共从农村到城市的历史转折 [J]. 东岳论丛，
　　　2014（7）.

[49] 刘士林. 什么是中国式城市化 [N]. 光明日报，2013 - 2 - 18.

[50] 张书成，雾霾恶袭考验中国城市化进程 [N]. 学习时报，2014 - 1 - 27.

[51] 姚洋. 中国模式与"中性政府" [N]. 北京日报，2008 - 10 - 16.

[52] 社论. 把消费城市变成生产城市 [N]. 人民日报，1949 - 3 - 17.

索 引
Index